Gerhard Leibold · Entschlacken – Entgiften – Verjüngen

Gerhard Leibold

Entschlacken
Entgiften
Verjüngen

**Verschlackung und
multiple chemische Sensitivität
heilen**

1. Auflage 1996

Titelentwurf: M. Schäfer/Neu-Isenburg
Druck/Herstellung: Echter Würzburg
Fränkische Gesellschaftsdruckerei und Verlag GmbH
Printed in Germany · ISBN 3-87053-108-8

Inhalt

Vorwort

Bei den zahllosen biochemischen Prozessen, die ständig im lebenden Organismus ablaufen, ihn mit Energie und Baustoffen versorgen, entstehen immer chemische Endprodukte. Zum Teil sind sie hochgiftig, aber darauf ist der Körper eingerichtet. Er kann solche Stoffe entgiften, so daß sie keinen Schaden anrichten, und dann ausscheiden. Normalerweise dürfte es deshalb keine Ansammlung von Schlacken und Giftstoffen im Körper geben. Trotzdem leiden heute viele Menschen an chronischer Verschlackung und Giftbelastung. Meist klagen sie darüber, daß sie sich nicht völlig gesund, aber auch noch nicht richtig krank fühlen.
Dieser Zustand erklärt sich einmal aus der üblichen falschen Ernährungs- und Lebensweise, denn sie begünstigt die Bildung von mehr Schlacken und Giften; damit wird der Körper nicht mehr fertig. In erschreckend zunehmendem Maße kommt heute die Belastung durch Chemikalien aus Nahrung und Umwelt hinzu, denen die Entgiftungs- und Ausscheidungsorgane nicht mehr gewachsen sind. Das führt bis zum Syndrom der multiplen chemischen Sensitivität, das später noch ausführlich vorgestellt wird.
Die Folgen der Schlacken- und Giftbelastung sind vielfältig, jeder Mensch reagiert individuell unterschiedlich darauf. Die verschlackten Zellen und Gewebe »ersticken« regelrecht an den angehäuften Schadstoffen und können ihre Funktionen nicht mehr erfüllen. Das schafft die Grundlagen für zahlreiche Krankheiten, angefangen bei chronischen Kopfschmerzen und unreiner Haut bis hin zu Allergien und vermutlich auch Krebs. Zusätzlich wird auch noch das seelisch-geistige Befinden indirekt durch die Anhäufung von Schlacken und Giftstoffen in Mitleidenschaft gezogen.
Den allgegenwärtigen Schadstoffen aus der Umwelt können wir heute nirgendwo mehr entgehen, damit müssen wir leben. Um so wichtiger wird es, alle vermeidbaren zusätzlichen Belastungen auszuschließen. Zuerst ist es notwendig, den gesamten Organismus gründlich von allen angehäuften Schlacken und Giften zu befreien. Dazu gibt es bewährte Naturheilverfahren, die im Rahmen dieses Buchs ausführlich vorgestellt werden. Diese Kuren zur Entschlackung und Entgiftung ist freilich nur sinnvoll, wenn danach die erneute stärkere Belastung vermieden wird. Das gelingt nur durch

grundlegende Reform falscher Lebensgewohnheiten.
Verschlackung und Giftbelastung des Körpers sind Warnzeichen, aus denen praktische Konsequenzen gezogen werden müssen. Es gibt kein einfaches Rezept dagegen, aktive Selbsthilfe und Eigenverantwortung für die Gesundheit sind gefragt. Die Mühe, die man dabei auf sich nehmen muß, zahlt sich bald durch bessere Gesundheit und gutes Allgemeinbefinden aus. Dabei will das vorliegende Buch, aus langjähriger praktischer Erfahrung entstanden, ein verläßlicher Begleiter sein.

Verschlackung und Giftbelastung – Grundlage vieler Krankheiten

Die chronische Belastung des Körpers durch Schlacken und Giftstoffe, die nicht mehr vollständig ausgeschieden werden, entsteht zum größeren Teil durch »hausgemachte« Ursachen: Fehler der Ernährung, Genußmittel, Bewegungsmangel und nicht zuletzt Belastung durch Schadstoffe aus der Umwelt. Man darf allerdings nicht übersehen, daß verschiedene Krankheiten ebenfalls dazu beitragen können. Deshalb empfiehlt sich immer eine gründliche Generaluntersuchung, bei der solche krankhaften Ursachen diagnostiziert und danach gezielt behandelt werden können.

Die zivilisationsbedingten Ursachen

Die Lebensbedingungen des Menschen in der westlichen Industriegesellschaft wandelten sich in den letzten 100–150 Jahren tiefgreifend. Besonders rasant verliefen die Veränderungen seit der Mitte des 20. Jahrhunderts. Diesem Wandel verdanken wir manche Vorteile und Fortschritte, aber auch schwerwiegende Nachteile.

Über die schädlichen Folgen für die Gesundheit darf auch die Tatsache nicht hinwegtäuschen, daß sich die durchschnittliche Lebenserwartung deutlich erhöht hat. In erster Linie läßt sich das darauf zurückführen, daß die moderne Medizin mehr Krankheiten, die früher bald tödlich endeten, länger in Schach halten kann. Mit besserer Gesundheit hat das wenig zu tun.

Zu den für die Gesundheit schwerwiegendsten Folgen der geänderten Lebensbedingungen gehört die übliche Zivilisationskost. Sie trägt heute meist maßgeblich mit zur Verschlackung und Giftbelastung des Körpers bei. Das bietet aber auch eine der wichtigsten Möglichkeiten, die Schlacken- und Giftanhäufung abzubauen und zukünftig zu vermeiden.

Fehler der üblichen Ernährung

Die heute weit verbreitete Zivilisationskost weist einige wesentliche Fehler auf, die sie zu einem »Krankheitsfaktor erster Ordnung« machen. Auf einen einfachen Nenner gebracht: Wir essen zu reichlich, zu fett, zu süß und zu viele tierische Produkte, aber zu wenig hochwertige pflanzliche Kost mit genügend Vital- und Ballaststoffen. Dadurch werden die Grundlagen der übermäßigen Schlacken- und Giftbelastung des Körpers geschaffen.

Eiweiß- und Fettüberschuß

Das Eiweiß gehört zu den lebenswichtigen Bestandteilen der Nahrung. Der Körper zerlegt es bei der Verdauung in Aminosäuren, die als Baustoffe für die körpereigene Substanz benötigt werden.
Die schwerwiegenden Folgen des Eiweißmangels führten dazu, daß man die Eiweißzufuhr lange Zeit viel zu hoch ansetzte. Und da tierisches Eiweiß dem des menschlichen Körpers ähnlicher als das pflanzliche ist, hielt man tierische Nahrungsmittel lange für unentbehrlich zur Ernährung. Aus diesen Irrtümern erklärt sich, weshalb die übliche Zivilisationskost immer noch zu viel Eiweiß enthält, vor allem tierischer Herkunft. Tatsächlich liegt der Eiweißbedarf weit niedriger, als früher angegeben wurde. Es ist auch keineswegs notwendig, überwiegend tierisches Eiweiß zuzuführen. Entscheidend ist die ausgewogene Kombination der verschiedenen Eiweißquellen, nicht die biologische Eiweißwertigkeit der einzelnen Nahrungsmittel. Das wird inzwischen auch von der offiziellen Ernährungswissenschaft anerkannt. Da Gewohnheiten aber schwer auszurotten sind, enthält die übliche Zivilisationskost noch immer zu reichlich tierisches Eiweiß.
Inzwischen steht fest, daß die übliche Eiweißüberfütterung für die Gesundheit mindestens ebenso schädlich wie der Eiweißmangel werden kann. Wenn Eiweiß verstoffwechselt wird, entstehen zum Teil giftige Stoffwechselprodukte. Der Körper kann sie entgiften und ausscheiden, sofern er nicht zu viel Eiweiß erhält; die übermäßige Eiweißzufuhr dagegen erhöht das Risiko einer chronischen Selbstvergiftung, die alle Zellen und Gewebe in Mitleidenschaft zieht. Davon abgesehen führt zu viel Eiweiß auch zur Übersäuerung des Körpers, wodurch Gicht und rheumatische Krankheiten begünstigt werden, und scheint durch Eiweißeinlagerung in den Gefäßwänden die Arterienverkalkung zu fördern.
Aus heutiger Sicht genügt es, wenn täglich 0,6–0,7 g Eiweiß je kg Körpergewicht, bei vegetarischer Kost sogar nur 0,5 g am Tag, mit der Ernährung zugeführt werden. Dadurch deckt man den Bedarf des Körpers an Baustoffen zuverlässig, denn das unbedingt notwendige Mindestmaß zur Vermeidung von Eiweißmangel beträgt nur etwa 25 g am Tag. Die Entlastung von den giftigen Stoffwechselprodukten durch die Eiweißreduzierung verhindert die chronische Selbstvergiftung und Verschlackung. Auch die Fettzufuhr liegt heute in der üblichen Kost viel zu hoch, im Durchschnitt bei 110–130 g am Tag, zum Teil sogar noch mehr. Da wir heute körperlich weniger beansprucht sind, kann der Körper diese reichliche Energiezufuhr unmöglich in Leistung umset-

zen. Das Fett wird gespeichert und führt zu Übergewicht. Dadurch wird meist der Stoffwechsel träger, Entschlackung und Entgiftung funktionieren dann nicht mehr ausreichend. Ferner bedeutet die hohe Fettzufuhr ein Risiko für die Leber, die zunehmend verfetten kann und den Körper nicht mehr richtig entgiftet. (Die verbreitete Fettleber entsteht allerdings nicht allein durch übermäßige Fettzufuhr.) Schließlich ist auch mit der reichlichen Fettversorgung die vermehrte Bildung von Stoffwechselprodukten verbunden, die sich als Schlacken und Gifte im Organismus ablagern können.
Ein weiterer Aspekt verdient heute besondere Beachtung: Viele Umweltgifte sind fettlöslich. Das bedeutet in der Praxis, daß sie in fetter Nahrung reichlicher vorkommen und sich besonders stark im Fettgewebe des Körpers anreichern. Übergewicht durch zu fettreiche Kost führt also zwangsläufig dazu, daß der Organismus mehr solcher Giftstoffe mit der Nahrung erhält und speichert.
Ganz ohne Fett bleibt man allerdings auf Dauer auch nicht gesund. Die Energiezufuhr mit dem Fett könnte natürlich auch von den anderen Nährstoffen übernommen werden, dazu benötigt man die Fette nicht unbedingt. Wichtig sind sie vor allem, damit die fettlöslichen Vitamine aufgenommen und verwertet werden können. Außerdem erfüllen die hochungesättigten Fettsäuren vitaminartige Schutz- und Reglerfunktionen im Körper, die durch nichts zu ersetzen sind.
Im Durchschnitt soll die tägliche Fettzufuhr mit der Vollwertkost deshalb bei 50–60 g liegen. Davon sind noch bis zu 30% versteckte Fette abzuziehen, die sich bereits in der Nahrung befinden, so daß als Koch- und Streichfette nur etwa 40–45 g am Tag bleiben. Diese Fettmenge kann der Organismus verkraften, ohne daß es zur übermäßigen Verschlackung und Speicherung von Giftstoffen kommt.

Denaturierte Kohlenhydrate

Die übliche Zivilisationskost enthält genügend Kohlenhydrate, die Energie liefern. Es sind aber überwiegend die falschen, da sie denaturiert und »verfeinert« werden. Typisches Beispiel sind die Weißmehlprodukte, der polierte Reis und die süßen Genußmittel, auf die wir später noch zu sprechen kommen. Bei ihrer Verstoffwechselung im Körper bilden sich vermehrt Schlacken und schädliche Stoffe, die nicht mehr ausreichend entgiftet und ausgeschieden werden können.
Hinzu kommt, daß die pflanzlichen Kohlenhydrate aus der konventionellen Landwirtschaft heute meist Rückstände der übermäßig gebrauchten Dünge- und Spritzmittel enthalten. Die einzelnen Dosen dieser Chemikalien sind meist unbedenklich, aber im Lauf der Zeit reichern sie sich immer stärker im Körper an. Dieser chronischen Vergiftung beugt man vor, indem vorwiegend pflanzliche Lebensmittel aus kontrolliertem Anbau ohne Chemie verwendet werden. Zwar ent-

halten sie zwangsläufig auch die allgegenwärtigen Umweltschadstoffe, aber wenigstens keine vermeidbaren Dünge- und Spritzmittelreste. In der gesunden Vollwertkost, die Verschlackung und Giftstoffbelastung vermeiden soll, werden die Kohlenhydrate hauptsächlich in Form von frischem Obst, Salaten, rohem oder schonend zubereitetem Gemüse, als Müsli, Frischkornbrei, Back- und Teigwaren aus vollem Korn und Naturreis verwendet. Etwa 50 % dieser pflanzlichen Nahrung sollen als »lebendige Kost« roh verzehrt werden. Dieser Rohkostanteil trägt mit zur Entgiftung und Entschlackung bei.

Vital- und Ballaststoffmangel

Auf den ersten Blick erscheint es paradox, daß die zu reichliche Zivilisationskost, die oft zum Übergewicht führt, zugleich Mangelzustände erzeugt. Das verwundert aber nicht weiter, wenn man bedenkt, daß die Ernährungsweise, die Übergewicht verursacht, nicht den Grundsätzen der Vollwertkost entspricht. Deshalb kann sie nicht genügend Vital- und Ballaststoffe enthalten.
Schwere Mangelkrankhelten, etwa der Vitamin-C-Mangelzustand Skorbut, kommen heute in unseren Breiten kaum noch vor, so verkehrt kann man sich schwerlich ernähren. Verbreitet sind die leichteren, aber chronischen Mangelzustände, die zur »Halbgesundheit« führen: Man findet bei der Untersuchung keine Krankheit im eigentlichen Sinn, aber gesund fühlen sich die Betroffenen eben auch nicht mehr. Im Lauf von Jahren bis Jahrzehnten können sich aus der dauernden Unterversorgung mit Vitalstoffen die verschiedensten Krankheiten entwickeln.
Die Vitamine, Mineralstoffe und Spurenelemente, die unter dem Oberbegriff Vitalstoffe zusammengefaßt werden, wirken an zahlreichen biochemischen Lebensfunktionen mit. Unter anderem sind sie zum Teil auch unentbehrlich für die Entschlackung und Entgiftung des Körpers. Vor allem die folgenden spielen dabei eine wichtige Rolle:

- Vitamin C, das den Zellstoffwechsel, die Sauerstoffaufnahme und -verwertung in den Zellen und allgemein die Körperabwehr beeinflußt; ihm kommt bei der Entgiftung und »Verbrennung« der Schlacken im Stoffwechsel große Bedeutung zu.
- Vitamin E, das ebenfalls günstig auf die Stoffwechselfunktionen und damit auch auf die Entgiftung und Entschlackung wirkt; hinzu kommt, daß dieses Vitamin einen gewissen Schutz vor den Umweltgiften bieten kann.
- Mangan, ein Mineralstoff, der noch zu wenig erforscht ist; erscheint hauptsächlich für die Körperabwehr allgemein und für die Entgiftung in der Leber unentbehrlich, so daß es bei Mangelzuständen zur Anhäufung von Giften im Körper und Schädigung der Leber kommen kann.
- Schwefel, ein stark entgiftendes Spurenelement, das unter ande-

rem giftige Schwermetalle bindet, damit sie ausgeschieden werden können, aber auch allgemein die Entgiftungs- und Entschlackungsfunktionen verbessert.
- Selen, ebenfalls ein Spurenelement, das selbst hochgiftig wirken kann; in der richtigen Dosis ist es jedoch lebenswichtig, unter anderem zum Schutz vor Umweltgiften.

Aber auch alle anderen Vitalstoffe wirken indirekt bei den Entgiftungs- und Entschlackungsvorgängen mit. Nur ein Organismus, der ausreichend damit versorgt wird, kann die Gift- und Schlackenbelastung schadlos bewältigen.

Es fällt heute auch bei vollwertiger Ernährung nicht leicht, den Bedarf an Vitalstoffen zu decken. Die landwirtschaftlichen Anbauflächen sind durch intensive Nutzung und einseitige Düngung teilweise verarmt an anorganischen Vitalstoffen, die darauf kultivierten pflanzlichen Lebensmittel sind also von vornherein nicht mehr vollwertig. Auch nach Umstellung auf natürlichen Anbau dauert es noch geraume Zeit, bis die Böden wieder vollwertige Lebensmittel hervorbringen. Außerdem wird der Bedarf an Vitalstoffen heute durch Streß und wachsende Belastung durch Umweltschadstoffe oft derart erhöht, daß die Nahrung ihn kaum noch decken kann.

Deshalb ist es notwendig, die tägliche Kost besonders sorgfältig und ausgewogen zusammenzustellen, damit sie möglichst alle Vitalstoffe enthält. Es spricht auch nichts dagegen, diese Kost zwischendurch – zum Beispiel ergänzend bei Entschlackungskuren – durch natürliche Vitalstoffprodukte aus dem Reformhaus anzureichern. Manchmal erscheint es sogar sinnvoll, die Ernährung ständig durch solche Vitalstoffe zu ergänzen, das sollte der Therapeut je nach Einzelfall beurteilen. Als wichtigste Vitalstoffquelle dient aber stets die Rohkost, in der Vitamine, Mineralstoffe und Spurenelemente optimal erhalten bleiben.

Da die übliche Kost »verfeinerte« Nahrungsmittel bevorzugt, mangelt es ihr häufig auch an Ballaststoffen. Davon benötigen wir täglich 30–50 g, die Zivilisationskost enthält aber oft nur noch 5–10 g der unverdaulichen Fasern. Das hat unter anderem Folgen für die Entgiftung und Entschlackung des Körpers.

Linie sind die Ballaststoffe erforderlich, um die regelmäßige Stuhlentleerung zu fördern. Sie quellen im Darm mit Flüssigkeit auf und üben einen mechanischen Reiz auf die Darmschleimhaut aus, der den Stuhlgang anregt. Zum Teil entstehen aus den Ballaststoffen im Darm Säuren, die mild und natürlich abführend wirken. Wenn es infolge des Ballaststoffmangels zur chronischen Darmträgheit kommt, bedeutet das immer auch, daß Schlacken und Gifte zu lange im Darm verweilen. Sie können die Darmschleimhaut direkt schädigen, zum Teil aber auch wieder in den Körper aufgenommen werden vielfältige Symptome hevorrufen.

Die andere wichtige Funktion der

Ballaststoffe besteht darin, im Darm Giftstoffe und Schlacken aufzusaugen. Sie werden in den unverdaulichen Fasern gebunden und mit ihnen ausgeschieden. Dadurch verringert man deutlich die Belastung durch Stoffwechselschlacken und mit der Nahrung aufgenommenen Chemikalien.
Die Versorgung mit Ballaststoffen wird im allgemeinen sichergestellt, wenn die Ernährung genügend naturbelassene pflanzliche Lebensmittel enthält. Falls eine Ergänzung notwendig erscheint (zum Beispiel während einer Diät), gibt man dazu Weizenkleie oder Leinsamen; mit letzterem führt man dem Körper gleich noch wertvolle hochungesättigte Fettsäuren zu.
Übrigens verhindern Ballaststoffe auch die zu reichliche Fettaufnahme aus dem Darm, weil sie Fette (und darin enthaltene fettlösliche Umweltschadstoffe) zum Teil binden. Sie eignen sich also auch, um Übergewicht vorzubeugen.

Chemische Nahrungszusätze

Die Lebensmittelindustrie verwendet heute zahlreiche Nahrungszusätze, um Aussehen, Geschmack, Geruch und Haltbarkeit der Nahrungsmittel zu verbessern. Alle diese natürlichen und chemischen Zusatzstoffe müssen – ähnlich wie Arzneimittel – geprüft und zugelassen werden, ehe sie den Lebensmitteln zugefügt werden dürfen. Manche sind unbedenklich, zum Beispiel die verschiedenen Vitamine. Aber vor allem bei den chemischen Zusätzen bietet auch die Prüfung und Zulassung keine Gewähr dafür, daß sie mit Sicherheit ungefährlich bleiben. Selbst wenn jeder der Stoffe für sich allein kein Risiko darstellt, kann er gemeinsam mit anderen als »Chemiecocktail« giftig wirken. Dabei darf man auch nicht vergessen, daß sich heute in nahezu allen Lebensmitteln, in Wasser und Luft zahlreiche Umweltschadstoffe befinden, die wir zwangsläufig aufnehmen. Wenn dazu noch chemische Nahrungszusätze kommen, werden die Entgiftungsfunktionen des Körpers vollends überfordert. Es läßt sich auch nicht ausschließen, daß manche Umweltgifte mit den Nahrungszusätzen im Körper neue chemische Verbindungen eingehen, von deren Giftwirkung man kaum etwas weiß.
Viele Nahrungszusätze provozieren allergische Reaktionen der Verdauungsorgane, Haut, zum Teil auch der Atemwege. Diese Folge ist schon schlimm genug. Auf längere Sicht wesentlich bedenklicher erscheint jedoch die Tatsache, daß ein Teil der chemischen Zusatzstoffe (ähnlich wie eine Reihe von Umweltgiften) nur sehr langsam im Körper entgiftet und ausgeschieden wird. Deshalb können auch gelegentlich zugeführte kleine Dosen dieser Chemikalien allmählich im Organismus angereichert werden und die »Entgiftungszentrale« Leber chronisch überfordern.
Praktisch sind alle Zusatzstoffe zur Nahrung überflüssig, wenn man sich nach den Grundregeln der Vollwertkost richtet. Überwiegend die-

nen sie der künstlichen Schönung und Geschmacksverbesserung denaturierter Nahrungsmittel, verändern also deren Beschaffenheit. Die Konservierungszusätze werden oft als unverzichtbar verteidigt, weil sie Krankheiten durch verdorbene Nahrungsmittel verhindern. Das ist zwar richtig, aber wenn man die Lebensmittel stets so frisch wie möglich verwendet, bedarf es auch keiner konservierenden Mittel. Gerade sie stehen im Verdacht, zum Teil besonders ernste Schäden (vielleicht auch Krebs) zu verursachen.

Bei abgepackten Waren besteht in Deutschland die gesetzliche Verpflichtung, alle Zutaten und Zusatzstoffe auf der Verpackung anzugeben. Das geschieht zum Teil in Form der E-Nummern, mit denen der Verbrauchen ebenso wie mit den ausgeschriebenen chemischen Bezeichnungen naturgemäß wenig anfangen kann. Besorgen Sie sich am besten bei der örtlichen Verbraucherberatung eine Liste der E-Nummern mit Erklärung der einzelnen Stoffe. Danach können Sie beim Einkauf dann sicher in unschädliche natürliche Zutaten und überflüssige künstliche Zusatzstoffe unterscheiden. Bei lose verkaufter Ware besteht keine Pflicht zur Deklaration der Inhaltsstoffe. Solche Produkte sollten Sie möglichst nur aus garantiert biologischem Anbau und artgerechter Tierhaltung erwerben, damit vermeidbare Zusatzstoffe ausgeschlossen sind.

Zu geringe Flüssigkeitszufuhr

Der menschliche Körper besteht zum größeren Teil aus Wasser. Es spielt bei verschiedenen Körperfunktionen eine wichtige Rolle. Unter anderem bestimmt es den Druck und die Quellungsverhältnisse in den Zellen mit und dient als Lösungsmittel für wasserlösliche Nähr- und Vitalstoffe. Von besonderer Bedeutung ist es überdies bei der Ausscheidung von Schlacken und Giftstoffen, die mit Hilfe des Wassers aus den Geweben geschwemmt und über die Nieren ausgeschieden werden. Ohne ausreichende Zufuhr von Flüssigkeit droht allmählich die Verschlackung und Anreicherung von Giftstoffen. Eine ausgewogene Wasserbilanz führt dem Organismus ebensoviel Wasser zu, wie er bei seinen verschiedenen Funktionen verbraucht. Das veranschaulicht folgende Tabelle (Durchschnittswerte):

Tägliche Wasseraufnahne	**ml**
– mit Getränken	1500
– mit fester Kost	700
– aus der Verwertung wasserhaltiger Lebensmittel	300
	2500

Tägliche Wasserausscheidung	**ml**
– mit dem Urin	1500
– mit dem Schweiß	500
– mit der Atemluft über die Lungen	400
– mit dem Stuhl	100
	2500

Die durchschnittliche Trinkmenge am Tag muß also 1,5 l betragen, damit die Wasserbilanz ausgeglichen bleibt. Unter besonderen Bedingungen, zum Beispiel bei heißem Wetter, stärkerer körperlicher Beanspruchung mit vermehrtem Schwitzen oder während einer Entschlackungskur, erhöht sich der Flüssigkeitsbedarf sogar auf 2–3 l täglich. Diese reichliche Zufuhr von Getränken zur Entschlackung und Entgiftung ist unentbehrlich, damit die Gewebe gut »durchspült« und die angehäuften Schlacken und Giftstoffe zur Ausscheidung über die Nieren gelöst werden.
Die Regulierung der Flüssigkeitszufuhr erfolgt normalerweise durch das Durstgefühl. Es signalisiert, wann der Körper Flüssigkeit benötigt. Aber darauf kann man sich nicht immer verlassen. Vor allem mit zunehmendem Alter werden die Durstrezeptoren, die das natürliche Durstgefühl auslösen sollen, allmählich träger. Aber auch bei jüngeren Menschen (vor allem Frauen) kann der Durst nicht immer sicherstellen, daß genügend getrunken wird. Das bemerkt man meist nicht bewußt. Deshalb empfiehlt es sich, mehrere Tage genau zu kontrollieren, wieviel man üblicherweise trinkt; ergibt sich dabei weniger als 1,5 l Flüssigkeitszufuhr am Tag, muß man zukünftig bewußt ausreichend trinken.
Die gesunde Ernährung deckt den Flüssigkeitsbedarf in erster Linle durch kochsalz-, kohlensäure- und nitratarmes Mineralwasser. Die zahlreichen Mineralwässer, die heute angeboten werden, sind leider nicht immer von guter Qualität, manchmal schlechter als das Trinkwasser aus dem öffentlichen Leitungsnetz. Informieren Sie sich am besten im Reformhaus über die geeigneten Mineralwässer, damit die Gesundheit nicht durch schadstoffreiche Getränke beeinträchtigt wird. Ergänzt wird das Mineralwasser durch naturbelassene Obst- und Gemüsesäfte, die als »flüssige Rohkost« auch ihren Teil zur Versorgung mit Vitalstoffen beitragen. Je nach persönlichem Geschmack sind ferner Kräutertees gut geeignet, um einen Teil des Flüssigkeitsbedarfs zu decken. Allerdings eignen sich viele Heilkräuter nicht zum Dauergebrauch, sondern sind nur vorübergehend zur Behandlung von Krankheiten angezeigt. Zum regelmäßigen Konsum empfiehlt sich zum Beispiel der Hagebuttentee, der auch mit zur Entschlackung und Entgiftung beiträgt, ohne übermäßig zu entwässern. Stärker harntreibende und abführende Heiltees sind nur während einer Kur, niemals für längere Zeit geeignet.
Alle anderen Getränke sind in der gesunden Ernährung überflüssig, zum Teil gehören sie zu den Genußmitteln. Wer nicht ganz darauf verzichten will, darf allenfalls noch mäßig nicht zu starken Schwarztee oder Kaffee trinken. Die üblichen größeren Mengen dieser Genußmittel sind aber nicht zu empfehlen, eine Tasse am Tag sollte genügen.

Mißbrauch von Genußmitteln

Als Genußmittel bezeichnet man alle Nahrungsmittel und Getränke, die zur gesunden Ernährung überflüssig sind und lediglich wegen der damit verbundenen Genußwirkung gebraucht werden. In erster Linie gehören dazu Süßigkeiten, Kaffee, Tee und Alkohol, außerdem das Genußgift Nikotin.

Genuß ist ein urmenschliches Bedürfnis. Es nützt deshalb wenig, die Genußmittel zu verbieten, sie werden doch verwendet. Man wird in der Regel auch nicht gleich krank, wenn man gelegentlich einmal aus besonderem Anlaß mäßig Süßigkeiten, Schwarztee, Kaffee oder Alkohol zu sich nimmt. Genuß bedeutet ja immer, daß es sich um eine Ausnahme handelt. Bei regelmäßigem Konsum läßt der Genuß bald nach, wird zur Gewohnheit, vielleicht gar zur Sucht.

Die einzelnen Genußmittel werden unterschiedlich bewertet. Süßigkeiten gelten meist als »harmlos«, aber auch der Sicht der Naturmedizin trifft das nicht zu. Als denaturierte Kohlenhydrate begünstigen sie verschiedene Krankheiten und tragen zur übermäßigen Verschlackung des Körpers bei. Diese Gefahr besteht aber nicht. wenn sie wirklich nur gelegentlich einmal verzehrt werden.

Kaffee und Schwarztee enthalten anregendes bis aufputschendes Koffein als Hauptwirkstoff. Wenn sie mißbraucht werden, um Müdigkeit zu unterdrücken, wirkt das mit Sicherheit gesundheitsschädlich. Es gibt sogar Hinweise darauf, daß der Koffeingenuß zu einer suchtartigen Gewohnheit werden kann, die nach dem Verzicht zu vorübergehenden Entzugserscheinungen (vor allem Kopfschmerzen) führt. Gegen eine Tasse nicht zu starken Kaffee oder Schwarztee am Tag bestehen bei Gesunden aber keine ernsthaften Bedenken, wenn sie diese Getränke gut vertragen. Zur Verschlackung trägt das kaum bei. Schwarztee kann wegen seines Gerbstoffgehalts allerdings Stuhlverstopfung begünstigen, also indirekt doch die Verschlackung und Selbstvergiftung aus dem Darm fördern.

Alkoholika müssen vor allem wegen ihres Suchtrisikos wesentlich kritischer beurteilt werden. Es gibt verschiedene wissenschaftliche Untersuchungen, nach denen man von mäßigem Konsum leichter Alkoholika (vor allem Rotwein) eine günstige Wirkung für die Gesundheit erwarten kann – aber das bedeutet nicht, daß der Alkohol zur Gesundheitsvorsorge notwendig wäre. Bei Gesunden bestehen keine Einwände, wenn täglich (möglichst nicht jeden Tag) 1/4 l Wein, Sekt oder 1/2 l Bier getrunken werden.

In höherer Dosis oder stärkerer Konzentration (wie Weinbrand, Schnaps, Kognak) regelmäßig mißbraucht, kann Alkohol nach einiger Zeit zur Abhängigkeit führen. Als Giftstoff verschlimmert er die Giftbelastung des Körpers, insbesondere auch der Leber. Im Lauf der Zeit treten durch Mißbrauch Leberschäden ein, die eine ausreichende Entgiftung verhindern. Nicht zu-

letzt erhöht Alkohol die Harnsäurewerte im Blut; als Schlackenstoff wird die Harnsäure dann in den Geweben angereichert und kann unter anderem rheumatische Krankheiten und Gicht begünstigen.
Reine Toleranzgrenzen gibt es für das Genußgift Nikotin, dessen zahlreiche schädliche Wirkungen hinreichend bekannt sind. Zwar könnten Gesunde täglich 3–5 Zigaretten, 1–2 Zigarren oder Pfeifen rauchen, ohne eine ernstere Gefährdung ihrer Gesundheit befürchten zu müssen, die Erfahrung lehrt jedoch, daß es oft nicht bei dieser geringen Dosis bleibt. Deshalb sollte Rauchen überhaupt nicht angefangen oder konsequent wieder abgewöhnt werden. Die Entwöhnung fällt desto leichter, je besser man dazu motiviert ist. Zwar treten dabei vorübergehende Entzugserscheinungen auf, aber sie werden oft übertrieben und sind kein Grund, mit dieser Sucht nicht zu brechen.

Bewegungsmangel begünstigt Verschlackung

Körperliche Aktivität spielt eine wichtige Rolle bei der Entgiftung und Entschlackung. Atmung, Kreislauf und Stoffwechsel werden dabei angeregt, was sich günstig auf den gesamten Organismus auswirkt. Ein Teil der Schlacken wird bei der Anstrengung mit Hilfe von Sauerstoff im Stoffwechsel der Muskeln »verbrannt«, die restlichen Schlacken scheidet der Körper vermehrt aus. Dabei ist auch das bei Bewegung verstärkte Schwitzen von Bedeutung, denn mit dem Schweiß entfernt man Schlacken und Gifte über die Haut.
Diese umfassenden Wirkungen treten aber nur dann ein, wenn das Bewegungsprogramm regelmäßig durchgeführt wird und den Körper ausreichend belastet. Gelegentliches Training, vielleicht gar mit Übertreibungen, kann die Entschlackungs- und Entgiftungsfunktionen nur vorübergehend unzulänglich aktivieren. Die Belastung bleibt im Grunde ähnlich hoch wie bei jenen Menschen, die überhaupt nicht trainieren.
Viele Menschen, die an chronischer Verschlackung und Giftbelastung leiden, erklären heute, daß sie Sport treiben. Dieser Widerspruch ist meist darauf zurückzuführen, daß sie eben nicht regelmäßig ausreichend trainieren, sondern ohne Plan nach Lust und Laune. Grundlage des Bewegungsprogramms bildet stets die tägliche Gymnastik, ergänzt durch 3–4mal wöchentlich Sport an der frischen Luft. Dadurch beugt man vielen Gesundheitsstörungen vor, auch der Verschlackung und Giftanreicherung im Körper.

Belastung durch Umweltgifte

Alle bisher genannten Ursachen der übermäßigen Schlacken- und Giftbelastung lassen sich durch gesundheitsbewußtes Verhalten ausschalten. Das gelingt nicht bei den Schadstoffen der Umwelt, die heute

überall vorkommen. Ihnen kann man nicht durch verändertes Verhalten entgehen, damit müssen wir leben. Die Risiken lassen sich lediglich vermindern, wenn alle Verhaltensfehler bei der Ernährung und Lebensweise vermieden werden.
Die Schadstoffe und Gifte aus der Umwelt gelangen auf verschiedene Weise in den Körper. Viele nehmen wir mit der Luft über die Atemwege auf, andere mit den Lebensmitteln, die auch dann belastet sind, wenn sie aus biologischem Anbau stammen. Nicht zuletzt enthält heute auch das Wasser schon zahlreiche Schadstoffe; zwar gibt es Grenzwerte für den Schadstoffgehalt des Wassers, aber diese sind zum Teil kaum noch einzuhalten und liegen oft viel zu hoch. Einige der Schadstoffe können rasch wieder ausgeschieden werden und gefährden die Gesundheit wenig. Viele Umweltgifte sind aber schwer löslich und reichern sich deshalb für lange Zeit in den Geweben an, vor allem im Körperfett. Irgendwann übersteigt das dann die Konzentration, die noch nicht schädlich wirkt, um ein Vielfaches, und es kann zu verschiedenen Gesundheitsstörungen kommen.
Die körpereigenen Abwehrregulationen, die uns vor Schäden von außen schützen sollen, sind gegen die Umweltgifte weitgehend hilflos. Die Natur konnte uns nicht auf diese künstlich erzeugten Chemikalien vorbereiten. Zwar versucht der Körper, sie so rasch wie möglich wieder zu entfernen, aber das gelingt nur unzulänglich.
Oft müssen in regelmäßigen Abständen immer wieder Entgiftungskuren durchgeführt werden, um wenigstens einen Teil der Umweltschadstoffe auszuscheiden. Außerdem ist es wichtig, die Vitalstoffe Vitamin E, Schwefel und Selen immer ausreichend mit der Nahrung zuzuführen, denn sie schützen bis zu einem gewissen Grad vor den schädlichen Folgen der Umweltbelastung. Während einer Kur können diese Schutzstoffe auch zusätzlich zur Ergänzung der anderen Maßnahmen verabreicht werden; geeignete Produkte auf natürlicher Basis gibt es im Reformhaus. Wir kommen später im Kapitel über Entgiftung und Entschlackung nochmals ausführlich auf diese Vitalstoffe zurück.

Erkrankungen als Ursache

Nicht allein die zivilisationsbedingten Faktoren tragen mit zur übermäßigen Schlacken- und Giftbelastung bei, im Einzelfall können auch verschiedene Erkrankungen die Situation verschlimmern. Wer Warnzeichen der Verschlackung und Giftbelastung bei sich feststellt, sollte deshalb bei einem naturmedizinisch orientierten Arzt oder Heilpraktiker eine gründliche Untersuchung durchführen lassen, damit mögliche Krankheiten rechtzeitig diagnostiziert und behandelt werden.
Erst recht gilt das natürlich bei chronischen Beschwerden, auch wenn sie nur so leicht auftreten, daß man ihnen keine größere Bedeutung beimißt. Gerade chronische Krank-

heitsherde, Störungen des Lymphsystems und Leberleiden als mögliche Verursacher der übermäßigen Schlacken- und Giftbelastung verlaufen oftmals lang nur mit mäßigen Symptomen, die erfahrungsgemäß häufig auf die leichte Schulter genommen und unnötig verschleppt werden.

Schwächung der Körperabwehr

Immunschwäche mit verminderter Abwehr- und Selbstheilungskraft des Körpers besteht heute bei vielen Menschen mehr oder minder stark ausgeprägt. Häufig entwickelt sie sich aus den gleichen Verhaltensfehlern, die auch zur übermäßigen Verschlackung und Giftbelastung führen, und wird dann durch die Anhäufung von Schlacken und Schadstoffen noch verschlimmert.
Unmittelbar trägt die Abwehrschwäche nur wenig zur Belastung des Körpers mit ausscheidungspflichtigen Stoffwechselresten und Giftstoffen bei. Vorstellbar ist zum Beispiel, daß die verminderte Abwehr- und Selbstheilungsfähigkeit die Krankheitsstoffe, die nach einer überstandenen Erkrankung zurückbleiben (wie entzündlich eingeschmolzene Gewebsteile), nicht schnell genug abbauen kann; dann bleiben diese Stoffe als Schlacken in den Geweben zurück. Auch Giftstoffe, die von Bakterien abgesondert werden, können sich im Körper anreichern, wenn die Immunfunktionen geschwächt sind. Aber diese Folgen der Abwehrschwäche spielen bei der Ansammlung von Schlacken und Giften keine so große Rolle.
In erster Linie trägt die Schwächung des Immunsystems indirekt dazu bei, daß die Schadstoffe die Gesundheit stärker gefährden.
Ein immungeschwächter Organismus ist nämlich nicht mehr in der Lage, die Folgen der Verschlackung und Giftbelastung aus eigener Kraft auszugleichen, er wird bereits bei mäßiger Belastung schneller krank. Darin besteht meist das Hauptrisiko der Immunschwächung.
Typische Folge der Abwehrschwäche ist die abnorme Anfälligkeit für Krankheiten. Sie treten gehäuft auf und verlaufen oft langwieriger und schwerer als bei intakter Abwehr. Dieses allgemeine Warnzeichen gehört auch zu den häufigen Folgen der chronischen Verschlackung und Giftbelastung. Daran wird deutlich, wie eng Abwehr-, Ausscheidungs- und Entgiftungsfunktionen zusammenarbeiten, um den Organismus vor Schaden zu bewahren.

Störungen der Lymphfunktionen

Das Lymphsystem besteht aus den Lymphkapillaren und größeren Lymphgefäßen sowie den Lymphknoten, die sich als Filter in den Lymphbahnen befinden. Auf die Funktionen dieses Systems bei der körpereigenen Abwehr, vor allem die Produktion von Abwehrzellen, muß hier nicht weiter eingegangen werden. Sehr wichtig ist das Lymphsystem außerdem für die Entgiftung und Entschlackung.

Die winzigen Lymphkapillaren beginnen blind im Gewebe. Ständig tritt daraus Gewebswasser in die feinen Lymphgefäße ein, das mit Schlacken und Giftstoffen beladen ist. Diese hellgelbe Lymphe wird auf ihrem Weg durch den Körper schon in den Lymphknoten zum Teil gereinigt. Die restlichen Schlacken gelangen mit der Lymphe schließlich ins Blut, damit sie über die Nieren ausgeschieden werden können.

Dieser Reinigungsvorgang setzt voraus, daß die Lymphe schnell genug abfließt. Dann werden auch Schlacken und Giftstoffe beschleunigt abtransportiert. Die Fließgeschwindigkeit hängt von mehreren Faktoren ab:

- Druck des ständig nachfließenden Gewebswassers, der unter anderem durch die Flüssigkeitszufuhr bestimmt wird.
- Druck, den die Arterien, die neben den Lymphbahnen verlaufen, bei jedem Pulsschlag auf die Lymphgefäße ausüben.
- Massageähnliche Wirkung der Muskulatur in der Umgebung der Lymphbahnen, die bei jeder Muskelbewegung entsteht; diese Lymph-Muskel-Pumpe ist besonders bedeutsam für den raschen Abfluß der Lymphe, deshalb wird der Lymphstrom (und damit der Abtransport von Schlacken und Giften) durch Bewegungsmangel behindert.

Die zu geringe Anregung des Lymphstroms durch benachbarte Muskelgruppen als Folge des verbreiteten Bewegungsmangels erklärt mit, weshalb heute so viele Menschen chronisch mit Schlacken und Giften in den Geweben belastet sind.

Davon abgesehen behindert noch krankhafte Störungen der Lymphfunktionen die ausreichende Entgiftung und Entschlackung. Bei diesem Lymphatismus unterscheidet man die folgenden beiden Formen:

- Primärer Lymphatismus, eine anlagebedingte Funktionsstörung des Lymphsystems mit Abwehrschwäche, Mandel-, Lymphknotenschwellungen und blassem, aufgeschwemmtem Aussehen, überwiegend bei Kindern zu beobachten.
- Sekundärer Lymphatismus, der in jedem Alter entstehen kann; oft wird er durch Blutarmut und andere Mangelkrankheiten, Verdauungs- und Leberstörungen hervorgerufen, zum Teil lassen sich die Ursachen aber nicht genau klären. Die typische Form führt zu den gleichen Symptomen wie der primäre Lymphatismus, bei einer als Neuro-Lymphatismus bezeichneten Sonderform wirkt die Haut nicht aufgeschwemmt, sondern zu trocken, und es bestehen vor allem nervöse Beschwerden. Lymphatismus bedeutet auch verminderte Entschlackung und Entgiftung mit der Lymphe.

  Selbst wenn er keine stärkeren Symptome verursacht, muß gezielt nach fachlicher Verordnung behandelt werden, sonst können als Folge verschiedene Krankheiten auftreten.

Chronische Krankheitsherde

Die Krankheitsherde, an denen viele Menschen leiden, werden häufig lange Zelt nicht erkannt. Sie verursachen meist keine stärkeren oder typischen Symptome, aus denen man zuverlässige Rückschlüsse auf das Herdgeschehen ziehen könnte. Durch Fernwirkung rufen sie aber die unterschiedlichsten Funktionsstörungen und Krankheiten in anderen Körperregionen hervor, schwächen nachhaltig das Immunsystem und streuen Giftstoffe aus. Saniert man einen solchen Herd, dann bilden sich auch die Fernwirkungen zurück, die gestreuten Gifte können allmählich abgebaut und ausgeschieden werden, die Körperabwehr verbessert sich wieder.
Besonders häufig bestehen solche Herde an chronisch vereiterten Zahnwurzeln, Mandeln und Nasennebenhöhlen. Sie können durch die Aussaat von Giftstoffen und zusätzlich über der Nervensystem in anderen Körperregionen Symptome erzeugen. Zähne wirken auch als Störfelder, wenn sie nicht richtig durchgebrochen oder verlagert sind; dann streuen sie allerdings keine Gifte aus.
Nicht vergessen werden darf natürlich die Problematik der Zahnplomben aus Amalgam. Daraus kann lange Zeit giftiges Quecksilber in den Körper gelangen. Zwar geschieht das nur in winzigen Mengen, aber sie werden nur sehr langsam wieder ausgeschieden. Deshalb droht allmählich die hohe Anreicherung mit chronischer Vergiftung, die zu vielfältigen Symptomen führt. Wenn eine Vergiftung durch Amalgam nachgewiesen wird, müssen die Plomben entfernt und durch verträglicheres Füllmaterial ersetzt werden. Danach verschwinden oft lange Zeit vorhandene unklare Beschwerden.
In anderen Körperregionen kommen Krankheitsherde seltener vor. Zu denken ist vor allem noch an chronische Entzündungen des Blinddarms, Wurmfortsatzes oder der Gallenblase, seltener auch einmal Mittelohr-, Prostata-, Eileiter- oder Eierstockentzündungen. Solche Herde findet man wegen der geringen Symptomatik oft nur schwer.
Der Verdacht auf Krankheitsherde besteht grundsätzlich bei unklarer Abwehrschwäche mit abnormer Anfälligkeit für Krankheiten sowie bei dauernder Nervosität und Leistungsschwäche ohne erkennbare andere Ursachen. Auch chronische Kopf-, Rheuma- und Nervenschmerzen können durch Herde verursacht werden. In schweren Fällen kann die Aussaat giftiger Stoffe aus den Herden zur lebensbedrohlichen Herz- oder Nierenentzündung führen. Bei rechtzeitiger Diagnose und Therapie der Herde lassen sich diese ernsten Komplikationen aber meist verhüten.

Entgiftungs- und Ausscheidungsstörungen

Die ausreichende Entgiftung und Entschlackung des Körpers gelingt nur, wenn die dafür zuständigen Or-

gane voll funktionsfähig sind. Besonders bei Erkrankungen der »Entgiftungszentrale« Leber und des Darms wird die Schlacken- und Giftausscheidung empfindlich gestört, es kann zur chronischen Anreicherung der schädlichen Stoffe im Körper kommen.
Allerdings ist es auch möglich, daß solche Krankheiten erst entstehen, wenn die Organe durch die übermäßige Schlacken- und Giftansammlung überfordert werden. Dann handelt es sich nicht um eine Ursache, sondern um die Folgen der Verschlackung und Giftbelastung.

Krankheiten des Darms

Als häufigste Störung des Darms, die chronische Schlacken- und Giftansammlung im Körper verursacht, gilt die Darmträgheit. Sie kommt in den westlichen Industriestaaten wegen falscher, ballaststoffarmer Ernährung und mangelnder Bewegung heute recht häufig vor. Im Darm sammeln sich viele Schlacken und aus dem Stoffwechsel stammende Giftstoffe an. Sie müssen regelmäßig mit dem Stuhl ausgeschieden werden. Andernfalls besteht die Gefahr, daß Gifte und Schlacken aus dem zu lang im Darm verweilenden Stuhl wieder in den Körper aufgenommen werden und sich in den Geweben ablagern. Darüber hinaus schädigen solche Stoffe häufig die Darmschleimhaut chronisch.
Deshalb muß Darmträgheit konsequent durch ballaststoffreiche Kost und genügend Bewegung vermieden werden. Abführmittel sind niemals eine Lösung, sie schädigen bei längerer Einnahme den Darm oft erheblich. Allenfalls vorübergehend bei akuter Stuhlverstopfung oder im Rahmen einer Entschlackungskur können mild abführende Mittel, zum Beispiel das altbewährte Glaubersalz, verabreicht werden. Falsch ist die verbreitete Ansicht, pflanzliche Abführmittel wären unbedenklich; sie können ebenso wie chemische Mittel bei Mißbrauch zu Schäden führen.
Zur besonders gründlichen Darmreinigung verordnet der Therapeut im Rahmen einer Kur häufig Einläufe. Noch besser wirken Darmbäder (Hydro-Colon-Therapie), die reichlich angesammelte Schlacken und Gifte aus dem Darm ausleiten. Während Einläufe auch zu Hause nach Verordnung durchgeführt werden können, müssen Darmbäder stets beim entsprechend eingerichteten Therapeuten oder im Sanatorium angewendet werden. Unbedingt notwendig ist diese Prozedur zwar nicht, aber es gibt keine bessere Therapie, um den trägen Darm gründlich zu entschlacken. Dabei werden nicht allein die darin angesammelten Schadstoffe ausgeschieden, der Darm saugt während der Behandlung zusätzlich Schlacken und Gifte aus dem Körper auf, die ebenfalls ausgeschieden werden.
Bei chronischer Darmträgheit und anderen Störungen der Darmfunktionen muß oft an eine Veränderung der nützlichen Darmkeimbesiedlung (Darmflora) gedacht werden. Diese verbreitete Darmdysbiose kann

gleichfalls zur chronischen Schlacken- und Giftansammlung im Körper beitragen und überdies das Immunsystem erheblich schwächen. Eine Sanierung der abnorm veränderten Darmflora gehört deshalb häufig zur Entschlackungs- und Entgiftungskur, wenn die Untersuchung einen entsprechenden Befund ergibt. In leichten Fällen kann Milchzucker oder Milchsäure die nützlichen Darmkeime wieder »aufforsten«, bei ausgeprägten Störungen sind dazu spezielle Arzneimittel mit den entsprechenden Bakterien nach Verordnung erforderlich. Die erfolgreiche Sanierung der Darmkeimbesiedlung wirkt oft erstaunlich gut auf das gesamte Befinden. Die Entschlackung und Entgiftung wird dadurch wirksam unterstützt. Andere Darmkrankheiten, zum Beispiel chronische Entzündungen, spielen keine so wichtige Rolle bei der Schlacken- und Giftbelastung, dürfen aber auch nicht vernachlässigt werden. Eine chronische Blinddarm- oder Wurmfortsatzentzündung kann selbst symptomarm bleiben, aber als Krankheitsherd Giftstoffe in den übrigen Körper streuen.

Leber-Gallenblasen-Leiden

Die Leber arbeitet im Körper unter anderem als zentrales »Entgiftungslabor«. Alle schädlichen Stoffe werden ihr mit dem Blut zugeführt, damit sie zu unschädlichen Substanzen umgebaut werden oder sich mit anderen Stoffen verbinden, mit denen zusammen sie ungiftig sind. An diesen biochemischen Entgiftungsvorgängen wirken verschiedene Enzyme und Schwefel mit. Die Bindung der Giftstoffe erfolgt überwiegend an Glukuronsäure, Glykokoll und Sulfate, danach können die Verbindungen ohne Risiko zu den Nieren transportiert und mit dem Urin ausgeschieden werden.
Auch die Produktion und Absonderung von Galle wirkt bei der Entschlackung mit. Die in der Leber gebildete und zum Teil in der Gallenblase gespeicherte Galle besteht nämlich auch aus verschiedenen Schlacken, die im Körper entstehen. Sie gelangen mit der Galle in den Darm und werden mit dem Stuhl ausgeschieden.
Erkrankungen der Leber nehmen seit einiger Zeit deutlich zu. Zwar kann sich das Organ auch nach schweren Schäden gut erholen, aber wenn es chronisch durch Fehlernährung und Giftstoffe überfordert wird, versagt die Regenerationsfähigkeit. Nicht selten enden die Leberschäden nach langem Siechtum tödlich.
Die häufigste Leberkrankheit ist heute die Verfettung der Leberzellen. Sie erklärt sich nicht allein aus dem hohen Fettgehalt der üblichen Zivilisationskost, sondern auch durch denaturierte Kohlenhydrate, die in Speicherfett umgewandelt werden können, sowie aus chronischen Leberentzündungen, Alkohol- und / oder Arzneimittelmißbrauch. Im frühen Stadium kann die Fettleber vollständig ausgeheilt werden, später geht sie in Leberzirrhose (-schrumpfung) über, die nach Jahren durch Leberversagen tödlich endet.

Die Leberzirrhose kann sich auch ohne Verfettung der Leberzellen entwickeln, vor allem bei Alkoholmißbrauch. Wie stark dabei die Belastung der Leber durch Umweltschadstoffe eine Rolle spielt, läßt sich noch nicht genau beurteilen.
Die Einschränkung der Leberfunktionen durch Verfettung, Zirrhose, chronische Entzündung und andere Leberleiden führt dazu, daß die Entgiftung nicht mehr ausreichend funktioniert. Im Körper reichern sich deshalb immer mehr Giftstoffe an. Durch frühzeitige Therapie gelingt es aber meist, die Lebererkrankung zu heilen oder zumindest für lange Zeit aufzuhalten.
Gallenblasenerkrankungen behindern die Gift- und Schlackenausscheidung nicht direkt. Nicht selten schädigen sie jedoch die Leber, führen dann also indirekt zu Störungen der Entgiftung. Eine chronisch entzündete Gallenblase wird außerdem zum Krankheitsherd, der dauernd Giftstoffe in den Körper streut. Hauptsächlich betreffen die Erkrankungen der Gallenblase Frauen. Bei chronischem Verlauf besteht ein erhöhtes Risiko, an Krebs der Gallenblase zu erkranken. Deshalb kann eine chirurgische Entfernung der nicht lebenswichtigen Gallenblase angezeigt sein, wenn die Krankheit nicht mehr zu heilen ist.

Nieren-Blasen-Krankheiten

Die Nieren sind von entscheidender Bedeutung für die Entschlackung und Entgiftung. Sie filtern alle nierengängigen Schlacken- und Giftstoffe aus dem Blut und stellen den Harn her, mit dem diese Stoffe dann über Harnleiter, Blase und Harnröhre ausgeschieden werden. Bei Erkrankungen der Nieren werden diese lebenswichtigen Funktionen unterschiedlich stark eingeschränkt; bei akutem Nierenversagen sammeln sich in kurzer Zeit so viele Schlacken und Giftstoffe im Körper an, daß der Tod eintritt, wenn keine Dialyse (Blutwäsche) die Ausscheidungsfunktionen der Nieren übernimmt.
Die Entzündung des Nierenbeckens schränkt die Ausscheidungsfunktionen im allgemeinen nicht so stark ein, daß die Entgiftung und Entschlackung nennenswert behindert wird. Die Krankheit kann aber bei unsachgemäßer oder zu später Behandlung auf das übrige Nierengewebe übergreifen und dann zu erheblichen Störungen der Ausscheidung führen.
Häufig entwickeln sich Entzündungen des Nierenbeckens aus einer verschleppten Blasenentzündung. Durch die Harnleiter steigen Erreger aus der Blase ins Nierenbecken auf und verursachen die Entzündung. Allgemeines Krankheitsgefühl, Fieber, Kreuzschmerzen und trüber oder blutiger Harn sind mögliche Warnzeichen, die rasch fachlich geklärt und behandelt werden müssen.
Bei Entzündungen des Nierengewebes wird die Harnbereitung, also auch die Ausscheidung von Giften und Schlacken, zum Teil bedenklich vermindert. Die Schadstoffe sammeln sich dann übermäßig im Kör-

per an und können zur akut lebensbedrohlichen Harnvergiftung führen. Bei chronisch verlaufenden Entzündungen der Nieren schrumpfen sie allmählich, am Ende tritt Nierenversagen mit Harnvergiftung ein.
Nierenentzündungen entstehen zum Teil durch Erreger, die aus der Blase und / oder dem Nierenbecken aufsteigen. Ferner können sie sich durch Aussaat von Erregern aus chronischen Krankheitsherden oder als Komplikation anderer Infektionskrankheiten (wie Masern, Scharlach, Mittelohrentzündung) entwickeln. Warnzeichen sind Abgeschlagenheit, Fieber, Kopf-, Rückenschmerzen, Schwellungen im Gesicht vor allem an den Lidern, verminderte Ausscheidung von trübem, blutigem Urin, oft auch Bluthochdruck. Die Behandlung muß frühzeitig beginnen, dann heilt eine Nierenentzündung meist in einigen Wochen komplikationslos aus. Entzündungen der Harnblase behindern die Ausscheidungsfunktionen nicht unmittelbar. Ihr Risiko besteht hauptsächlich darin, daß Erreger aus der Blase in die Nieren aufsteigen können. Die chronische Blasenentzündung kann überdies ständig Giftstoffe in den Körper streuen. Daher darf auch eine einfache Blasenentzündung nie auf die leichte Schulter genommen werden, sondern erfordert eine konsequente Therapie bis zur völligen Ausheilung.

Folgen der Gift- und Schlackenbelastung

Die chronische Ansammlung von Gift- und Schlackenstoffen im Körper verursacht keine eindeutigen Symptome, aus denen man sichere Rückschlüsse darauf ziehen könnte. Vielmehr treten individuell unterschiedliche, meist unklare Beschwerden auf, die auch durch andere Krankheiten entstehen könnten. Erst eine umfassende Untersuchung klärt zuverlässig, ob die Störungen des Befindens durch Gift- und Schlackenbelastung oder aus anderen Ursachen hervorgerufen werden.
Einige Symptome treten bei chronischer Gift- und Schlackenansammlung aber so häufig auf, daß man dabei zumindest eine verminderte Ausscheidung in Erwägung ziehen muß, wenn sich keine anderen Ursachen nachweisen lassen. Dazu gehören vor allem Anfälligkeit für Krankheiten, Leistungs- und Antriebsschwäche, oft auch depressive Verstimmungen und Funktionsstörungen des vegetativen Nervensystems als unspezifische Allgemeinsymptome.

Unklare allgemeine Warnzeichen

Die chronische Ansammlung von Schlacken und Giftstoffen macht sich oft lange Zeit nur durch unspezifische Allgemeinsymptome be-

merkbar. Sie treten vielfach so mäßig auf, daß die Betroffenen sich bald daran gewöhnen. Zwar fühlen sie sich nicht mehr richtig gesund und leistungsfähig, aber auch nicht krank im eigentlichen Sinn. Eine frühzeitige Untersuchung und Therapie wird deshalb häufig unnötig verzögert. Erst wenn die Gift- und Schlackenansammlung weiter fortgeschritten ist, wird der Therapeut aufgesucht. Dann fällt es naturgemäß schwerer, die Verschlackung und Giftbelastung wieder abzubauen.
Vor allem Schulmediziner erkennen allerdings oft überhaupt nicht, daß die unklare Symptomatik durch Gifte und Schlacken entsteht, denen sie zu wenig Bedeutung beimessen. Die verschiedensten Ursachen werden vermutet und behandelt. Wenn alles nichts hilft, führt man die Beschwerden oft auf seelische Ursachen zurück, verordnet vielleicht gar Psychopharmaka, die den Organismus noch mehr durch chemische Stoffe belasten. Viele Patienten haben einen jahrelangen Leidensweg hinter sich, bis endlich die richtige Diagnose gestellt und gezielt wirksam behandelt wird. Ein naturmedizinisch orientierter Therapeut wird eher an die Schlacken- und Giftbelastung denken und die richtige Behandlung einleiten, denn er geht von anderen Überlegungen aus.

Anfälligkeit für Krankheiten

Zu den häufigsten unklaren Warnzeichen der Gift- und Schlackenbelastung gehört die abnorme Anfälligkeit für Krankheiten. Offenbar werden die Abwehr- und Selbstheilungsregulationen des Körpers durch die schädlichen Ablagerungen teilweise blockiert und können ihre Aufgaben nicht mehr ausreichend erfüllen. Dann läßt die Widerstandsfähigkeit gegen Erreger und andere Krankheitsursachen allmählich deutlich nach. Aber nicht nur die Schlacken und Giftstoffe selbst schwächen das Immunsystem, sondern auch die Ursachen, die dazu führen. Falsche Ernährung, Mißbrauch von Genußmitteln, Bewegungsmangel, Störungen der Lymphfunktionen und chronische Krankheitsherde tragen nicht nur zur Schlacken- und Giftbelastung bei, sondern wirken sich unabhängig davon auch auf die Abwehr- und Selbstheilungsfähigkeit nachteilig aus. Das Immunsystem wird also gleichzeitig von zwei Seiten her beeinträchtigt.
Zu den typischen Folgen gehört die abnorme Anfälligkeit für Erkältungskrankheiten. Viele der Betroffenen leiden Jahr für Jahr 4–6mal oder noch häufiger an einer Erkältung, die oft auch noch besonders schwer und langwierig verläuft. Die eine Infektion ist noch nicht richtig ausgeheilt, da stellt sich bereits die nächste ein. Nicht selten werden die Erkältungen durch Folgeerkrankungen kompliziert, zum Beispiel hartnäckige Nebenhöhlenentzündungen oder chronische Bronchitis.
Aber auch viele andere Erkrankungen können nicht mehr erfolgreich abgewehrt werden, wenn die Immunfunktionen gestört sind. Unter anderem erhöht sich dadurch auch

das Krebsrisiko. Deshalb darf die Immunschwäche nicht auf die leichte Schulter genommen werden, selbst wenn sie immer wieder »nur« zu banalen Erkältungen führt. Eine umfassende Therapie aller möglichen Ursachen ist frühzeitig notwendig, ehe es vielleicht doch zu ernsteren Erkrankungen kommt. Die gründliche Entschlackung und Entgiftung gehört meist mit zur Behandlung der Immunstörungen.

Leistungs- und Antriebsschwäche

Ein weiteres häufiges Warnzeichen der chronischen Schlacken- und Giftbelastung ist die verminderte Leistungsfähigkeit. Oft geht sie mit Antriebsschwäche einher, die den Leistungswillen weiter herabsetzt. An solchen Zuständen leiden heute immer mehr Menschen, ohne daß man bei der Untersuchung eine Krankheit als Ursache feststellen könnte. Auch das in letzter Zeit häufig genannte »Burning-out-Syndrom«, bei dem man sich chronisch abgespannt, überfordert und ohne rechten Antrieb (eben wie ausgebrannt) fühlt, kann dazu gehören. Die Ursachen dieser Allgemeinsymptome sind vielfältig. Wenn kein organischer Befund zu erheben ist, werden die Betroffenen vielfach vorschnell als psychosomatisch krank eingestuft. Das kann natürlich stimmen, aber oft wird diese Diagnose dem Patienten nicht gerecht. Viel häufiger, als in der täglichen Praxis bedacht wird, stehen die Störungen des Antriebs und Leistungsvermögens mit chronischer Schlacken- und Giftbelastung in Beziehung.
Der Zusammenhang läßt sich im Grunde leicht nachvollziehen. Wenn sich »Müll« im Körper ansammelt und der Energie liefernde Stoffwechsel träge wird, muß das zwangsläufig zur Abgespanntheit und anderen Störungen der Leistungsfähigkeit führen. Das schließt nicht aus, daß auch noch seelisch-nervöse Faktoren eine Rolle spielen – nur darf man sich nicht voreilig darauf festlegen.
Die chronische Müdigkeit, Abgespanntheit und Leistungsschwäche bessert sich durch ausreichend Schlaf nicht nennenswert. Es handelt sich dabei ja um keine natürliche Ermüdung durch Leistung, von der man sich nach ausreichend Ruhe erholt, sondern um einen abnormen Zustand. Gerade an der Tatsache, daß Ruhe und Schlaf den Zustand kaum bessern, erkennt man meist den Zusammenhang mit der Gift- und Schlackenbelastung.
Ohnehin wird der Schlaf trotz der ausgeprägten Müdigkeit häufig behindert. Das ist unter anderem auf die Überreizung des vegetativen Nervensystems (siehe nächstes Kapitel) zurückzuführen. Infolge der chronischen Schlafstörungen nehmen Leistungs- und Antriebsschwäche weiter zu. Schlaftabletten können dagegen auch nichts ausrichten. Zwar erzwingen sie den Schlaf, aber man erwacht daraus nicht erholt. Bei längerem Gebrauch verschlimmern die chemischen Schlafmittel die Giftbelastung des Körpers und es droht bald die Ab-

hängigkeit. Allenfalls leichte pflanzliche und homöopathische Medikamente können zur Ergänzung der Entschlackung und Entgiftung bei Schlafstörungen vorübergehend angezeigt sein.

Vegetative Fehlfunktionen

Die Ansammlung von Schlacken und Giftstoffen im Körper erzeugt nicht selten Fehlfunktionen des vegetativen Nervensystems. Vor allem der Sympathikusanteil kann dadurch chronisch gereizt werden und zur Disharmonie im vegetativen Nervensystem führen.
Als Folge entwickelt sich chronische Nervosität und Gereiztheit, der Schlaf wird gestört. Diese Überreizung des Sympathikus verbessert aber trotz der Aktivierung nicht die Leistungs- und Antriebsschwäche, sondern verbraucht unnötig Energie. Deshalb fühlt man sich eher noch abgespannter und erschöpfter.
Darüber hinaus kommt es durch die vegetativen Fehlsteuerungen zu Funktionsstörungen zahlreicher Organe und Körperfunktionen, die vom vegetativen Nervensystem reguliert werden. Das bedeutet noch keine organische Krankheit, verursacht aber unangenehme Symptome. Im Lauf der Zeit droht der Übergang der bloßen Funktionsstörung in eine »echte« Erkrankung.
Besonders oft betreffen vegetative Fehlfunktionen das Herz-Gefäß-, Atmungs- und Verdauungssystem. Unter anderem kann es zu Herzversagen und anderen Herzrhythmusstörungen, Schwindel, chronisch kalten Gliedern, Kurzatmigkeit, Sodbrennen und Koliken als Symptome der Funktionsstörungen kommen. Weitere unklare Beschwerden bei vegetativen Fehlregulationen sind chronische Kopfschmerzen, Sehstörungen, Ohrensausen, vermehrtes Schwitzen und Schlafstörungen.
Verschlimmert werden diese vegetativen Symptome noch durch Mißbrauch anregender Genußmittel, vor allem Kaffee und Schwarztee. Sie überreizen das vegetative Nervensystem zusätzlich. Die Basisbehandlung setzt deshalb meist voraus, daß auf solche Produkte strikt verzichtet wird.
Die vielfältigen Symptome der vegetativen Fehlfunktionen sind nicht spezifisch, sie können auch aus anderen Ursachen auftreten. Erst die gründliche fachliche Untersuchung bringt Klarheit und ermöglicht eine gezielte Therapie je nach Ursachen. Bei nicht krankhaften Fehlsteuerungen des vegetativen Nervensystems gehört die Entschlackung und Entgiftung oft zur Grundbehandlung.

Depressive Verstimmungen

Bei vielen Patienten, die an chronischer Schlacken- und Giftbelastung leiden, gewinnt man den Eindruck, daß sie auch seelisch »verschlackt und vergiftet« sind. Das kommt so häufig vor, daß ein Zufall mit hoher Wahrscheinlichkeit auszuschließen ist. In irgendeiner Form, die noch nicht genau erklärbar ist, scheinen die Schlacken und Gifte auch das Seelenleben zu belasten. Dadurch

können depressive Zustände entstehen, die sich nicht aus äußeren Faktoren (wie Enttäuschungen, Verluste) erklären lassen.
Für die Ganzheitsmedizin, in der die engen Wechselbeziehungen zwischen Körper und Seelenleben berücksichtigt werden, sind depressive Verstimmungen als mögliche Folgen der Schlacken- und Giftanreicherung im Körper nicht unverständlich. Zunächst gilt natürlich, daß die vielfältigen Symptome der Verschlackung und Giftbelastung immer auch das Seelenleben beeinträchtigen. Anders gesagt: Wenn man sich dauernd unwohl fühlt, kann sich daraus eine depressive Verstimmung als Reaktion entwickeln.
Hinzu kommen die Störungen des vegetativen Nervensystems durch schädliche Ablagerungen. Da es eine Art Bindeglied zwischen Körper und Seelenleben darstellt, führt die Störung der vegetativen Harmonie naturgemäß auch zum seelischen Ungleichgewicht, das sich unter anderem mit Depressionen bemerkbar machen kann. Überdies mag der träge Stoffwechsel eine Rolle spielen, denn er liefert auch die Energie für seelische Vorgänge. Mangelt es daran, läßt sich die Ausbildung einer depressiven Verstimmung vorstellen. Schließlich muß noch bedacht werden, daß die seelischen Vorgänge maßgeblich durch chemische Botenstoffe (Neurotransmitter) gesteuert werden, zum Beispiel Serotonin, das mit für die Stimmungslage verantwortlich ist. Es mag sein (wenngleich nicht sicher bewiesen), daß die Schlacken- und Giftanreicherung im Körper die Produktion dieser Neurotransmitter stört, so daß es unter anderem zu depressiven Verstimmungen kommt.
Nicht selten wird die Depression von unerklärlichen Angstzuständen begleitet; sie können aber auch unabhängig von Depressionen auftreten. Ein Zusammenhang zwischen Angst und Schadstoffbelastung des Körpers ist möglich. Insbesondere die Reizung des vegetativen Nervensystems kann dazu führen, vielleicht auch die Übersäuerung des Körpers, die mit der Schlacken- und Giftansammlung verbunden sein kann.
In unklaren Fällen, die auf die übliche Therapie nicht ansprechen, empfiehlt sich ein Versuch mit Entschlackung und Entgiftung. Dadurch kann die Angst gelindert werden oder ganz verschwinden. Aber auch dann, wenn eindeutig seelische Ursachen der Angst im Vordergrund stehen, kann eine begleitende Entgiftungs- und Entschlackungskur oft dazu beitragen, daß eine notwendige Psychotherapie besser wirkt.
Wahrscheinlich stehen auch noch andere seelische Störungen mit der Schlacken- und Giftbelastung in Beziehung. Das wird bei der üblichen Therapie oft übersehen. Vor allem dann, wenn die übliche Behandlung nicht richtig anspricht, sollte eine Kur zur gründlichen Schlacken- und Giftausscheidung erwogen werden. Sie kann das seelische Befinden oft bald deutlich bessern und die Erfolgsaussichten einer Psychotherapie erhöhen.
Allerdings wäre es verfehlt, nun alle

seelischen Probleme aus Schlacken und Giftstoffen im Körper erklären zu wollen. Man kann durch eine solche Erklärung auch unbewußt versuchen, sich unangenehme Einsichten in seelische Vorgänge und verdrängte Inhalte zu ersparen. Das nützt wenig, denn das Unbewußte vergißt solche Ursachen nie. Sie müssen bewußt angenommen und aktiv verarbeitet werden, ehe sich das Seelenleben wieder harmonisieren kann.

Häufige körperliche Symptome

Außer unklaren allgemeinen Warnzeichen kann die chronische Gift- und Schlackenbelastung noch eine Reihe körperlicher Beschwerden hervorrufen. Sie treten zwar häufig auf, sind aber gleichfalls nicht spezifisch. Deshalb muß auch hier eine gründliche Untersuchung für Klarheit sorgen, damit nicht eine andere krankhafte Ursache unnötig lang verschleppt wird. Insbesondere bei chronischen Kopfschmerzen, unreiner Haut und rheumatischen Symptomen soll immer an Verschlackung und Giftbelastung gedacht werden. Das muß allerdings nicht die einzige Ursache dieser Erkrankungen sein, es können auch noch andere körperliche Störungen vorliegen.

Chronische Kopfschmerzen

Zu den häufigsten Symptomen der Verschlackung und Giftbelastung gehören Kopfschmerzen. Sie können ständig bestehen oder häufig auftreten, das ist individuell verschieden. Erklären kann man sie einmal aus der Reaktion des Gehirns auf die im Körper angesammelten Giftstoffe. Hinzu kommen meist die vegetativen Fehlfunktionen, die wahrscheinlich zu schmerzhaften Verspannungen der Gefäße im Gehirn führen.
Es gibt keinen typischen Kopfschmerz bei Schlacken- und Giftbelastung. Manche Menschen leiden an einem unangenehm dumpfen Druck im Kopf, an den sie sich allmählich gewöhnen, bei anderen entstehen quälende Kopfschmerzen, die sich anfallsweise noch verschlimmern können.
Vielfach werden dagegen die üblichen rezeptfreien Schmerzmittel eingenommen, weil die Kopfschmerzen anderes nicht zu ertragen sind. Solche Schmerztabletten helfen zunächst bald, aber die Ursachen können sie natürlich nicht beseitigen. Deshalb kehren die Kopfschmerzen immer wieder zurück und müssen allmählich durch immer höhere Schmerzmitteldosen unterdrückt werden. Dadurch verschlimmert sich aber die Giftbelastung des Körpers weiter – ein Teufelskreis kommt in Gang.
Nach längerem Mißbrauch können auch hohe Dosen Schmerzmittel die Kopfschmerzen nicht mehr lindern. Dann ist eine Situation entstanden, die man als »Kopfschmerzmittel-Kopfschmerz« kennt. Das heißt, die Kopfschmerzen werden nun durch die Schmerzmittel selbst mit verursacht.

Der einzige Ausweg aus diesem Teufelskreis besteht darin, die Schmerzmitteleinnahme sofort abzubrechen und durch eine gründliche Entschlackungskur dafür zu sorgen, daß die angesammelten Gifte ausgeschieden werden. Einige Zeit muß man mit den Schmerzen leben, denn die Wirkung der Kur tritt nach dem Absetzen der Schmerzmittel nicht sofort ein. Das kann quälend sein, aber es gibt keine andere Lösung des Problems.
Der naturmedizinische Therapeut wird jedoch durch geeignete Naturheilverfahren, zum Beispiel individuelle Homöopathie oder Akupunktur, die Kopfschmerzen lindern können, ohne daß es dabei erneut zur Selbstvergiftung kommt. Eine fachliche Überwachung der Entwöhnung von Kopfschmerzmitteln ist unbedingt erforderlich.
Natürlich spricht nichts dagegen, bei akuten Kopfschmerzen einmal ein leichtes Schmerzmittel (wie Azetylsalizylsäure) einzunehmen, sofern es gut vertragen wird. Aber das muß wirklich die seltene Ausnahme bleiben. Alle Schmerzzustände, die häufig wiederkehren oder chronisch anhalten (das gilt nicht nur für Kopfschmerzen), erfordern baldige fachliche Untersuchung und gezielte Therapie der Ursachen. Eine Entschlackungs- und Entgiftungskur erweist sich zur Grundbehandlung oft als notwendig und gut wirksam.

Unreine Haut

Auch ständige Unreinheiten, Entzündungen und Eiterungen der Haut sind ein häufiges Symptom der chronischen Schlacken- und Giftbelastung des Körpers. Die Haut dient bekanntlich unter anderem auch als Ausscheidungsorgan, das mit dem Schweiß Abfallstoffe aus dem Körper entfernt.
Normalerweise muß die Haut aber nicht viel zur Ausscheidung beitragen, mit der üblichen Schlacken- und Giftbelastung werden Darm und Nieren allein fertig. Wenn sich hingegen zu viele Abfallstoffe im Körper anreichern und / oder die normale Ausscheidung über Darm und Nieren oder die Entgiftung in der Leber behindert ist, muß die Haut einen größeren Teil der Ausscheidungsfunktionen übernehmen. Dabei kann sie überfordert werden und reagiert dann mit Unreinheiten, Entzündungen und Eiterungen. Im Grunde sind diese Symptome sogar nützlich, weil sie aus der Sicht der Naturmedizin eine vermehrte Ausscheidung über die Haut anzeigen. Aber sie stellen eben auch ein Warnzeichen dar, das untersucht und je nach Ursachen gezielt behandelt werden muß.
Als unreine Haut bezeichnet man vor allem Mitesser, akneartige Pickel und zum Teil auch fettige Schuppen; die Haut wirkt insgesamt ungesund und schlecht durchblutet. Hautentzündungen führen zu Rötungen, Brennen, Jucken und Schwellungen, zuweilen schmerzen sie auch stärker. Daraus können sich

Eiterungen entwickeln, insbesondere häufig immer an der gleichen Stelle wiederkehrende Furunkel.
Die Hautsymptome scheinen nach praktischer Erfahrung besonders oft dann aufzutreten, wenn die Verschlackung und Giftbelastung durch chronische Darmträgheit und Störungen der Darmflora entsteht. Auch Alkohol-, Nikotinmißbrauch, übermäßige Fettzufuhr und chemische Nahrungszusätze spielen besonders oft eine Rolle als Mitverursacher.
Es gelingt zwar relativ leicht, die Hautsymptome durch starke chemische Arzneimittel zu unterdrücken, aber die Ursachen werden damit nicht beeinflußt. Deshalb kehren die Hauterscheinungen nach beendeter Therapie oft bald zurück, wenn sie nicht gar »nach innen schlagen«, also ernstere Störungen innerer Organe hervorrufen. Die Naturmedizin unterdrückt solche Hautsymptome deshalb nicht; ihre Heilmittel können die Symptomatik sogar vorübergehend verschlimmern, damit vermehrt Gifte und Schlacken ausgeleitet werden. Wenn diese Therapie aber erst einmal die Krankheitsursachen ausgeheilt hat, drohen in der Regel keine Rückfälle mehr.

Verdauungs- und Leberstörungen

Funktionsstörungen und Erkrankungen der Verdauungsorgane und der »Entgiftungszentrale« Leber können, wie weiter vorne schon erklärt wurde, die chronische Schlacken- und Giftbelastung verursachen. Umgekehrt ist es aber auch möglich, daß sich Verdauungsstörungen und Leberleiden erst als Folge der Schlacken- und Giftanreicherung entwickeln oder dadurch verschlimmert werden.
Besonders stark wird die Leber durch die Schlacken und Gifte belastet. Allmählich kann sie dadurch überfordert werden. Daraus entsteht dann oft chronische Leberschwäche, bei der das Organ seine lebenswichtigen Aufgaben nur noch unzulänglich erfüllen kann. Warnzeichen dafür sind vor allem unklare Schwäche und Abgespanntheit, weil die Leber nicht mehr genügend Energie für die Lebensfunktionen liefert. Ferner treten häufig Appetitmangel, zum Teil abwechselnd mit Heißhungeranfällen, Übelkeit und Abneigung gegen Fette auf. Wenn die Leberschwäche weiter fortschreitet, droht als Endzustand das Leberkoma, das unbehandelt tödlich endet.
Zum Teil führt die Überforderung der Leber auch zur Anschwellung des Organs. Es ist dann von außen deutlich unter dem rechten Rippenbogen tastbar. Diese Leberschwellung stellt keine selbständige Krankheit dar, sondern deutet als Symptom auf die Leberstörung hin. Leberleiden müssen frühzeitig behandelt werden, dann kann sich das Organ teilweise oder vollständig regenerieren. Bei zu später Therapie läßt sich allenfalls noch das rasche Fortschreiten der Leberschädigung aufhalten, aber kaum noch Heilung erreichen. Nach langem Siechtum endet die Krankheit dann meist mit tödlicher Leberzirrhose.

Die Leber als »Zentrallabor« des Körpers wird zwar am häufigsten von der Schlacken- und Giftbelastung in Mitleidenschaft gezogen, aber auch die anderen Verdauungsorgane können darunter leiden. Vor allem am Darm treten häufig Schäden auf, zum Beispiel chronische Reizungen der Schleimhaut mit Durchfall oder Verstopfung und Störungen der Darmflora durch die angesammelten Abfallprodukte.
Die chronischen Verdauungsstörungen behindern im Lauf der Zeit oft erheblich die Verwertung der Nahrung. Dann entwickeln sich verschiedene Mangelzustände, die wiederum die Entgiftung und Entschlackung stören. Noch mehr Schadstoffe reichern sich dadurch im Körper an, das Immunsystem kann erheblich geschwächt werden. Damit es nicht zu ernsteren Verdauungsstörungen kommt, müssen auch leichtere Beschwerden konsequent behandelt werden, bis sie vollständig ausgeheilt sind. Dazu verordnet der Therapeut die individuell geeigneten Naturheilmittel.

Rheumatische Erkrankungen

Die offizielle Medizin kann heute noch nicht genau erklären, wie rheumatische Krankheiten überhaupt entstehen. Aus naturmedizinischer Sicht geht man aber davon aus, daß die chronische Belastung des Körpers mit Gift- und Schlackenstoffen dabei oft (immer?) eine wesentliche Rolle spielt. Vielleicht schaffen die angesammelten Schadstoffe erst die Grundvoraussetzungen dafür, daß andere Einflüsse zum Rheumatismus vor allem der Gelenke führen können.
Ein typisches Beispiel dafür ist die Gicht, die auf einer Störung des Harnsäurestoffwechsels beruht. Zwar wird diese Störung vererbt, aber allein die erbliche Veranlagung muß noch nicht zur akuten Krankheit führen. Meist kommen weitere Faktoren hinzu, wie Alkoholmißbrauch und zu reichlicher Verzehr tierischer Nahrungsmittel, ehe die anlagebedingte Gicht tatsächlich akut auftritt.
Die Harnsäure gehört zu den ausscheidungspflichtigen Endprodukten aus dem Stoffwechsel. Besonders reichlich entsteht sie bei der Verarbeitung tierischer Nahrungsmittel. Bei Gicht ist die Ausscheidung der Harnsäure gestört, was durch falsche Ernährung und Alkohol noch verschlimmert wird. Deshalb bleibt im Körper zu viel Harnsäure zurück und wird in winzigen Kristallen ausgefällt.
Zunächst lagern diese sich in den Gelenken ab, zuerst bevorzugt im Gelenk der großen Zehe, später auch in anderen Gelenken. Im weiteren Verlauf der Krankheit reichern sich die Harnsäurekristalle dann auch in Knorpelgewebe, Haut, Darm und Nieren an. Die betroffenen Gelenke werden allmählich zerstört, in der Haut entstehen Gichtknoten, die geschwürig zerfallen, in den Nieren entwickeln sich Harnsäuresteine und bei Darmgicht kommt es zu heftigen Koliken.
Aber nicht nur die Gicht steht in enger Beziehung mit der Ansammlung

von Stoffwechselendprodukten im Körper. Auch bei anderen rheumatischen Erkrankungen geht die Naturmedizin davon aus, daß Verschlackung und die oft damit verbundene Übersäuerung des Körpers eine wichtige Rolle als Grundursache spielt. Das gilt insbesondere beim chronischen Gelenkrheumatismus, der allmählich die Gelenkstruktur zerstört und die Gelenke gebrauchsunfähig macht.
Die Schulmedizin behandelt Rheuma meist durch chemische Arzneimittel, bei fortgeschrittener Krankheit auch durch Kortikosteroide (wie Cortison). Dadurch können aber nur die Symptome unterdrückt, allenfalls noch der weitere Krankheitsverlauf gehemmt werden. In der naturmedizinischen Praxis dagegen erzielt man durch gründliche Entgiftung und Entschlackung, die am besten durch eine Rohkost- oder Saftfastenkur eingeleitet und mit Homöopathie ergänzt wird, selbst in fortgeschrittenen Fällen häufig noch gute therapeutische Ergebnisse, manchmal sogar Heilung der chronischen Erkrankung. Die erheblichen Nebenwirkungen und die zusätzliche Giftbelastung durch chemische Arzneimittel sind bei dieser Therapie nie zu befürchten.

Neigung zu Allergien

Allergien sind abnorme Reaktionen des Immunsystems auf natürliche oder künstliche Stoffe und Reize (Allergene), die Nicht-Allergiker problemlos vertragen. Hauptsächlich treten dabei Symptome an Haut, Atemwegen und Verdauungsorganen auf, wie Ekzeme, Heuschnupfen, Asthma und Durchfälle. Seit geraumer Zeit nehmen diese Erkrankungen derart zu, daß man fast schon voraussehen kann, wann wir alle zu Allergikern werden.
Man erklärt diesen Anstieg allergischer Erkrankungen unter anderem aus dem Einfluß der Umweltschadstoffe. Sie überreizen das Immunsystem chronisch und provozieren unzweckmäßige Reaktionen, die nichts gegen die Giftbelastung ausrichten können, sondern selbst zur Krankheit werden. In ähnlicher Richtung wirken wahrscheinlich auch die anderen Schlacken- und Giftstoffe, die sich im Körper anreichern. Als weitere mögliche Ursachen werden seelisch-nervöse Fehlfunktionen diskutiert, die ebenfalls zur Überreizung des Immunsystems führen können; auch hier besteht ein möglicher Zusammenhang mit der Schlacken- und Giftbelastung, wie weiter vorne bei den vegetativen Fehlfunktionen bereits beschrieben wurde.
Die übliche antiallergische Therapie beschränkt sich hauptsächlich auf die Unterdrückung der allergischen Symptome, die Ursachen werden dadurch aber nicht geheilt. Bessere Erfolge können von der ganzheitlich-naturmedizinischen Behandlung erwartet werden, die individuell zu verordnen ist. Dabei kann die Kur zur gründlichen Entschlackung und Entgiftung eine wichtige Rolle spielen. Allein dadurch läßt sich eine allergische Krankheit sicherlich nicht heilen, aber wenn die chroni-

sche Überreizung des Immunsystems durch Abfall- und Giftstoffe beseitigt wird, können die anderen Heilverfahren besser wirken. Die allgemeine Umstimmung, die mit einer solchen Kur verbunden ist, harmonisiert außerdem die Immunfunktionen und stärkt die Widerstandskräfte gegen schädliche äußere Einflüsse jeder Art.

Weitere mögliche Folgen

Man diskutiert noch verschiedene andere Gesundheitsstörungen, die durch Gift- und Schlackenansammlung entstehen können. Da die Belastung immer den gesamten Organismus betrifft, ist es grundsätzlich vorstellbar, daß praktisch alle körperlichen und seelisch-geistigen Funktionen durch die Belastung in Mitleidenschaft gezogen werden. Allerdings gibt es dazu noch zu wenig gesicherte Erkenntnisse. Deshalb sollen die möglichen weiteren Folgen hier nicht mehr näher ausgeführt werden. Als Grundregel gilt: Bei allen Krankheiten oder Störungen des Befindens, für die keine eindeutigen anderen Ursachen zu ermitteln sind, kann eine Beziehung zur Schlacken- und Giftansammlung im Körper bestehen. Das muß im Einzelfall sorgfältig abgeklärt werden.
Eine Kur zur Entschlackung und Entgiftung kann jedenfalls in vielen Fällen helfen, selbst wenn kein unmittelbarer Zusammenhang mit der Belastung nachweisbar ist. Da Schlacken und Gifte bei den meisten Menschen vermehrt im Körper angereichert sind, bedeutet die kurmäßige Ausscheidung immer eine Entlastung von vermeidbaren Störfaktoren. Danach können die Abwehr- und Selbstheilungsregulationen wieder wirksamer werden und dazu beitragen, eine Krankheit zu überwinden und das Allgemeinbefinden zu bessern.
Erwähnt sei zum Abschluß noch, daß die verbreitete Arterienverkalkung im weiteren Sinn auch zu den Folgen der Verschlackung gehören kann. Der Körper versucht wahrscheinlich durch die Ablagerung von Eiweiß und Fett in den Arterienwänden, diese mit der üblichen falschen Zivilisationskost übermäßig zugeführten Nährstoffe zu binden. Aber dieser Versuch zur »Entschlackung« ist natürlich unzweckmäßig, denn die Gefäße werden dadurch zunehmend verengt. Immerhin zeigt sich an diesem Zusammenhang, daß eine Kur zur Entschlackung auch bei Arteriosklerose nützlich sein kann, um die schädlichen Ablagerungen in den Gefäßwänden wieder abzubauen. Wenn das frühzeitig geschieht, lassen sich die Arterienschäden oft noch vollständig zurückbilden. Vor allem Heilfasten bewährt sich dazu sehr gut.

Syndrom der multiplen chemischen Sensitivität

Bisher noch viel zu wenig beachtet wird ein Phänomen, das der amerikanische Umweltmediziner Professor Dr. William Rea vom Environmental Health Centre in Dallas/Texas erforschte und als Syndrom der multiplen chemischen Sensitivität (kurz MCS) bezeichnete. Vereinfacht gesagt bedeutet das die Überempfindlichkeit eines Menschen gegen mehrere chemische Stoffe gleichzeitig, die mit Nahrung, Wasser und Luft aufgenommen werden. Diese ständige Giftbelastung führt bei den Betroffenen zur Schädigung verschiedener Körperfunktionen, hauptsächlich des Immun- und Nervensystems sowie des Hormonhaushalts.

Wenn dieser Zustand durch die weitere Einwirkung von Chemikalien und ähnlichen Schadstoffen verschlimmert wird, genügt davon schon eine geringe Dosis, um starke Reaktionen auszulösen. Manche Wissenschaftler sprechen in diesem Zusammenhang von einem »Öko-Kollaps« des Körpers, der die weitere Giftbelastung nicht mehr erträgt. Das darf aber nicht mit einer üblichen allergischen Reaktion verwechselt werden, obwohl Ähnlichkeiten bestehen. Vielmehr erklärt Professor Rea die Reaktionen aus einer Art Erschöpfungszustand der Systeme, die den Körper vor Schädigungen schützen sollen, in erster Linie des Immunsystems. Sie werden durch die ständig einwirkenden Schadstoffe derart überfordert, daß schon die geringste zusätzliche Belastung gleichsam »das Faß zum Überlaufen bringt«.

Die Symptomatik der MCS ist unklar und vieldeutig. In erster Linie können durch die chronische chemische Belastung die folgenden Beschwerden auftreten:

- Allgemeine Leistungsschwäche in Beruf und Freizeit mit abnormer Ermüdbarkeit schon durch geringe Anstrengungen.
- Gesteigerte, meist chronische Müdigkeit bis hin zur Erschöpfung, die durch den Schlaf nicht nennenswert gebessert wird; vielmehr fühlen sich die Betroffenen beim Erwachen immer noch erschöpft.
- Chronische Schlafstörungen, die den Erschöpfungszustand zusätzlich verschlimmern.
- Chronischer mäßiger Druck im Kopf, der meist beschrieben wird »als läge ein Ring um den Schädel«.
- Störungen der geistigen Funktionen, vor allem Gedächtnis- und Konzentrationsschwäche, zum Teil auch Sprachstörungen mit Verwechslung von Worten und Silben.
- Auffällige Ungeschicklichkeit bei Bewegungen, hauptsächlich bei Tätigkeiten mit den Händen (wie Fallenlassen von Gegenständen, Zittern).
- Störungen der Magen-Darm-Funktionen, unter anderem Neigung zu Durchfällen und Koliken.
- Allgemeines Schwere- und Span-

nungsgefühl in der Muskulatur und am Ansatz der Sehnen an den Knochen, vergleichbar dem Zustand nach schwerer körperlicher Anstrengung.

- Vermehrter Speichelfluß und übermäßiges Schwitzen.

Zum Teil lernten wir diese einzelnen Symptome weiter vorne bereits kennen. Bei der MCS treten sie alle gemeinsam als Warnzeichen der Giftbelastung auf. Allerdings handelt es sich dabei eben nicht um eindeutige Beschwerden der MCS, aus denen man die sichere Diagnose stellen könnte. Sie können auch bei verschiedenen Krankheiten auftreten, zum Beispiel Leber-, Nieren- und Schilddrüsenerkrankungen, Infektionen, Mangel an B-Vitaminen, Depressionen und neurotischen Störungen. Ehe man von der MCS ausgehen darf, müssen solche möglichen Ursachen durch gründliche Untersuchung ausgeschlossen werden. Wenn sich keine Anhaltspunkte für eine andere organische oder seelisch-nervöse Krankheit ergeben, erst dann besteht der dringende Verdacht auf MCS.

In der täglichen Praxis wird das Syndrom der multiplen chemischen Sensitivität bisher noch relativ selten diagnostiziert wahrscheinlich wesentlich seltener, als die Überempfindlichkeit tatsächlich besteht. Das erklärt sich einmal daraus, daß dieses neue Krankheitsbild einem Teil der Therapeuten überhaupt noch nicht näher bekannt ist. Die Beschwerden, an denen die Betroffenen leiden, lassen sich zunächst auch aus vielen anderen Gesundheitsstörungen erklären. Und wenn die Behandlung dann nicht anspricht, werden die Patienten rasch – wie bei anderen unklaren Beschwerden auch – als psychisch gestörte »eingebildete Kranke« abgestempelt und schlimmstenfalls zusätzlich durch chemische Psychopharmaka belastet.

Natürlich läßt sich bei der MCS eine psychosomatische Komponente nicht ausschließen. Es gibt sogar eindeutige Hinweise darauf, daß die Betroffenen tatsächlich überdurchschnittlich oft psychisch auffällig sind, vor allem zu Depressionen und Angstzuständen neigen. Aber das beweist nicht, daß es keinen Zusammenhang der MCS mit den chemischen Belastungen gibt. Vielmehr ist durchaus vorstellbar, daß erst die Chemikalien zur psychischen Auffälligkeit führen, indem sie die biochemischen Grundlagen des Seelenlebens stören. Und es ist natürlich ebenso einsichtig, daß Menschen, die längere Zeit an vielfältigen unklaren Symptomen leiden, darauf mit seelischen Beschwerden wie Angst und Depressionen reagieren. Wenn voreilig eine alleinige psychosomatische Ursache der MCS-Symptomatik angenommen wird, bedeutet das auch eine Verdrängung der Umweltproblematik, die immer mehr an Gewicht gewinnt.

Auch bei der MCS kann eine Entgiftungs- und Entschlackungskur den Zustand verbessern. Wenn dadurch die chronische Giftbelastung des Körpers reduziert wird, muß

nicht gleich jeder zusätzliche chemische Reiz zum Öko-Kollaps mit starken Reaktionen führen. Überdies erscheint es oft notwendig, die Schutzsysteme des Körpers wieder zu stärken. Grundvoraussetzung dafür bildet eine vollwertige Ernährung, denn die pflanzliche Kost enthält verschiedene Schutzstoffe gegen chemische Belastungen. Vor allem in den Kohlarten, Zwiebeln und im Knoblauch befinden sich solche Wirkstoffe.
Auf längere Sicht wird freilich auch die Schutzkost nicht in der Lage sein, den Menschen vor den Folgen seines unverantwortlichen Umgangs mit Natur und Umwelt zu bewahren. Wenn es nicht gelingt, diese Gefahren bald ingesamt in den Griff zu bekommen, nicht nur einzelne Umweltprobleme zu mildern, sondern einen tiefgreifenden Wandel der Werte und Einstellungen zu erzielen, wird die Menschheit vielleicht keine Chance mehr erhalten. Die Natur aber überlebt, auch ohne den Menschen.

Entgiftung und Entschlackung – gesünder und verjüngt werden

Die chronische Ansammlung von Schlacken und Giftstoffen im Körper stellt ein ständiges Risiko für die Gesundheit dar. Das Allgemeinbefinden und die Lebensqualität werden dadurch eingeschränkt, viele Erkrankungen begünstigt oder verursacht. Man darf sich mit diesem Zustand nie abfinden, selbst wenn er nur mäßige Beschwerden verursacht, mit denen man leben kann. Irgendwann droht der Übergang von der einfachen Störung des Befindens zur organischen Krankheit.

Es gibt verschiedene Möglichkeiten, um die Gift- und Schlackenbelastung wieder abzubauen. Diätkuren bilden die unverzichtbare Grundlage. Wenn sie allein nicht genügen, stehen noch genügend ergänzende Maßnahmen der Naturmedizin zur Verfügung.

Grundsätzlich kann die Kur zur Entschlackung und Entgiftung selbständig durchgeführt werden, nur einige Maßnahmen erfordern fachliche Verordnung. Aber es empfiehlt sich dennoch, immer einen naturmedizinisch orientierten Arzt oder Heilpraktiker zuzuziehen. Nur er kann zuverlässig beurteilen, ob Beschwerden lediglich durch die Schlacken- und Giftbelastung entstehen oder noch krankhafte Ursachen vorliegen, die gezielte Therapie erfordern. Er wird die individuell am besten geeigneten therapeutischen Verfahren empfehlen und den Kurverlauf überwachen, um bei Bedarf weitere Heilmittel zu verordnen. Nicht zuletzt kontrolliert er auch den Erfolg der Kur, entscheidet also, wann sie beendet oder wiederholt werden soll.

Die beste Entschlackungs- und Entgiftungskur hilft allerdings nur wenig, wenn man danach nicht konsequent die früheren Fehler der Ernährungs- und Lebensweise abstellt. Sonst wird der Kurerfolg bald durch erneute übermäßige Schlacken- und Giftanreicherung zunichte gemacht. Zwar ist es immer noch besser, die Gifte und Schlacken wenigstens durch regelmäßige Kuren immer wieder abzubauen, als überhaupt nichts dagegen zu unternehmen. Aber ohne anschließende Lebens- und Ernährungsreform muß das Stückwerk bleiben.

Diätkuren zur Gift- und Schlackenausscheidung

Der Körper ist durchaus in der Lage, auch eine starke Belastung durch Schlacken und Giftstoffe wieder abzubauen. Dazu benötigt er aber Hilfe durch eine umfassende Therapie, die seine Selbstheilungsregulationen gegen die Schadstoffbelastung aktiviert. Das meist wirksamste und natürlichste Verfahren dagegen sind Diätkuren, die individuell unterschiedlich durchgeführt werden. Als schärfste Waffe erweist sich in der Regel das Heilfasten, das zur regelrechten Verjüngung der Zellen und Gewebe führt, sobald sie erst einmal von den Abfallprodukten befreit sind.
Kurze Diätkuren gegen leichtere Schlacken- und Giftbelastung eignen sich gut zur Selbsthilfe. Sie können regelmäßig wiederholt werden, um einer erneuten stärkeren Belastung vorzubeugen. Längere Kuren, die bei erheblicher Verschlackung und Giftanreicherung notwendig werden, dürfen nur nach fachlicher Verordnung durchgeführt werden, am besten in einer darauf spezialisierten Klinik oder Kuranstalt.

Strenges Fasten bei starker Belastung

Es gibt kaum ein anderes Naturheilverfahren, das den gesamten Organismus so tiefgreifend wie eine strenge Fastenkur beeinflußt. Deshalb bezeichnet man Heilfasten auch als die »unblutige Operation der inneren Medizin, die ähnlich radikal wie ein chirurgischer Eingriff mit Krankheiten aufräumen kann.
Der rasche Abbau von Übergewicht, im weitesten Sinn auch eine Art der »Entschlackung«, wird gemeinhin oft überbewertet. Zwar ist diese Wirkung nützlich, aber keineswegs die Hauptaufgabe einer Fastenkur. Wesentlich wichtiger ist die ganzheitliche Umstimmung mit kräftiger Anregung der körperlichen und seelischgeistigen Abwehr- und Selbstheilungsregulationen, die man durch eine strenge Fastenkur erreicht. Dadurch werden auch die Folgen der chronischen Gift- und Schlackenbelastung ausgeheilt.
Im Rahmen dieses Buchs ist vor allem die gründliche Entschlackung und Entgiftung des Körpers durch strenges Fasten hervorzuheben.
Wenn der Organismus bei der Fastenkur keine Kalorien mehr erhält, greift er zunächst auf seine Fett- und Zuckerreserven zurück und verlangsamt gleichzeitig den Stoffwechsel, um Energie zu sparen. Die Zuckerreserven in der Leber und Muskulatur sind normalerweise nach 2–3 Tagen verbraucht. Dann werden alle Körperfunktionen noch mehr auf »Sparflamme« umgeschaltet. Das führt unter anderem zur angenehmen Entspannung, Erholung und inneren Ruhe, weil im vegetativen Nervensystem der parasympathische Anteil zu überwiegen beginnt.
Im weiteren Verlauf der Fastenkur nützt der Körper vermehrt die vor-

handenen Ablagerungen aus, zunächst natürlich das Fett, das rasch in Energie umgesetzt werden kann. Zusätzlich werden aber auch Schlackenstoffe verwertet, vor allem alte und kranke Zellen oder die nach Entzündungen im Körper zurückbleibenden Abbauprodukte. Durch diesen Schlackenabbau erfolgt eine gründliche Entschlackung und Entgiftung der Zellen und Gewebe; der gesamte Körper kann sich regenerieren und durch vermehrte Neubildung gesunder Zellen »verjüngen«.

Ferner wirkt Heilfasten als starker Reiz auf die körpereigenen Abwehr- und Selbstheilungsregulationen. Sie reagieren auf den Nahrungsentzug ähnlich wie bei einer Infektionskrankheit unter anderem mit vermehrter Produktion von Abwehrstoffen. Außerdem werden die Entgiftungsfunktionen gegen jene Schadstoffe angeregt, die nicht wie organische Ablagerungen im Stoffwechsel »verbrannt« werden können, insbesondere gegen chemische Giftstoffe.

Diese Vorgänge, die durch Heilfasten zur Entschlackung, Entgiftung und Selbstheilung ausgelöst werden, bedeuten naturgemäß auch eine erhebliche Belastung für verschiedene Organsysteme. Insbesondere die Leber, die für die vermehrte Entgiftungsarbeit zuständig ist, sowie Darm und Nieren, die für die gesteigerte Ausscheidung sorgen, leisten während der Fastenkur viel mehr Arbeit. Dazu sind sie normalerweise auch in der Lage, weil sie ja gleichzeitig von der Verdauung und Verstoffwechselung der Nahrung entlastet werden. Allerdings muß bei Beginn einer Fastenkur sichergestellt sein, daß Leber, Darm und Nieren voll funktionsfähig sind und keine Erkrankung besteht, sonst könnte das Heilfasten doch zur übermäßigen Belastung werden. Eine Untersuchung soll daher stets am Anfang der Kur stehen.

Das strenge Fasten gilt als die wirksamste Methode zur umfassenden Entgiftung, Entschlackung, Regeneration und Verjüngung der Zellen und Gewebe sowie zur Aktivierung der körpereigenen Abwehr- und Selbstheilungsregulationen. Bei stärkerer Belastung durch Gift- und Schlackenstoffe führt daran im allgemeinen kein Weg vorbei, sofern keine Gegenanzeigen die Fastenkur verbieten. Das kann nur der Therapeut beurteilen, der beim strengen Fasten stets zugezogen werden soll. Kurze Kuren, die den Entgiftungs- und Entschlackungsprozeß in Gang bringen, können unter fachlicher Verlaufskontrolle ambulant zu Hause durchgeführt werden. Wenn eine längere Fastenkur erforderlich ist, sollte sie immer in der darauf spezialisierten Klinik oder Kuranstalt erfolgen.

Rohkost- und Saftkuren

Während die strenge Fastenkur in erster Linie bei starker Gift- und Schlackenbelastung notwendig ist, eignen sich Kuren mit Rohkost und Säften bei leichterer Verschlackung und oft auch bei Menschen, die kei-

ne strenge Fastenkur durchführen können. Die Wirkungen des Rohkost- und Saftfastens ähneln im Prinzip denen des strengen Fastens, treten aber milder und schonender ein. Ein Vorteil besteht darin, daß der Organismus durch Rohkost und Säfte mit Vitalstoffen förmlich »überschwemmt« wird, die zum Teil auch für die Entgiftung und Entschlackung nüztlich sind.
Kurze Rohkost- und Saftfastkuren, die 3–7 Tage dauern, können von Gesunden problemlos zu Hause durchgeführt werden. Bei mäßiger Verschlackung, vor allem aber zur Vorsorge, genügen im allgemeinen schon 3–4 Kurtage. Besteht stärkere Verschlackung, die das Befinden schon längere Zeit beeinträchtigt, sind aber 7 Kurtage unbedingt notwendig, damit eine zufriedenstellende Wirkung erzielt wird.
Auch längere Kuren können bei Bedarf durchgeführt werden, müssen aber mit dem Therapeuten abgesprochen und von ihm überwacht werden. Wenn die Rohkost- oder Saftkur länger als 2 Wochen dauern soll, empfiehlt sich grundsätzlich der Aufenthalt in einer Klinik oder Kuranstalt.
Wir wollen zunächst den Ablauf einer solchen Kur beschreiben. Genaue Kurpläne zur häuslichen Durchführung werden später angegeben. Es ist möglich, daß der Therapeut im Einzelfall einen anderen Ablauf der Kur verordnet, als hier angegeben wird. Das hängt von individuellen Umständen ab, die in einem Buch naturgemäß nicht berücksichtigt werden können. Selbstverständlich müssen die individuellen Anweisungen des Therapeuten strikt befolgt werden, auch wenn sie nicht mit den hier genannten allgemeinen Grundregeln übereinstimmen.
Jede Rohkost- oder Saftfastenkur beginnt mit einem Vorfastentag, der auf die eigentliche Kur vorbereitet. An diesem Tag wird die gewohnte Ernährung wie folgt verändert:

– Einschränkung der Kalorienzufuhr, die am Vorfastentag nur noch 1000–1200 Kalorien betragen soll.
– Verzicht auf tierische Nahrungsmittel und tierische Fette in jeder Form, die Kost muß streng vegetarisch sein.
– Vermeidung aller denaturierten Kohlenhydrate (wie Zucker, Süßigkeiten, Weißmehlprodukte), eine wichtige Voraussetzung dafür, daß Rohkost und Säfte während der Kur gut vertragen werden.

Zum Frühstück verzehrt man am Vorfastentag am besten Bircher-Müsli mit frischem Obst. Als Mittagessen gibt es reichlich Rohkost, gedünstete Gemüse, Kartoffeln und Vollkornteigwaren. Das Abendessen besteht ebenfalls aus Rohkost, dazu Vollkornbrot und etwas Quark. Über den ganzen Tag verteilt wird außerdem je nach Appetit frisches Obst verzehrt. Die Flüssigkeitszufuhr steigert man am Vorfastentag bereits auf mindestens 2 l. Geeignet sind neben Säften, die auch während der Kur verwendet werden, vor allem gutes Mineralwasser und mäßig harntreibender Kräutertee, keinesfalls Kaffee, Schwarztee und Alko-

holika. Auch das Genußgift Nikotin muß strikt gemieden werden.
Am Abend des Vorfastentags sollte man frühzeitig zu Bett gehen und vorher etwas Gymnastik an der frischen Luft treiben. Bei Bedarf kann der Schlaf durch 1–2 Tassen Baldriantee gefördert werden, wenn man an die frühe Schlafenszeit nicht gewöhnt ist.
Nach diesem Vorbereitungstag beginnt dann die 3–7tägige Rohkost- oder Saftfastenkur. Im Gegensatz zum strengen Fasten führt man dabei mit der festen oder flüssigen Rohkost zwar Kalorien zu, aber doch so stark reduziert, daß es noch berechtigt ist, von einer milden Form des Fastens zu sprechen.

Rohkostkur

Während dieser Kur verzehrt man ausschließlich frische Salate, rohe Obst- und Gemüsesorten, wobei man sich nach dem heimischen Angebot der Jahreszeit richtet. Die Rohkost muß abwechslungsreich zusammengestellt werden, damit sie alle Vitalstoffe zuführt.
Ideal ist es, wenn die Rohkost jeweils portionsweise frisch im Garten geerntet und gleich nach der Reinigung verzehrt werden kann. Aber diese Möglichkeit steht nicht allen Menschen zur Verfügung. Wer keinen Garten besitzt, kauft den Bedarf an Obst, Gemüse und Salaten täglich frisch ein.
Die Produkte müssen aus kontrolliertem giftfreiem Anbau stammen, damit sie keine vermeidbaren Chemikalien und andere Rückstände enthalten. Wer die Gelegenheit dazu hat, kann bei einem vertrauenswürdigen Erzeuger, der nach den Grundsätzen des biologischen Landbaus arbeitet, direkt einkaufen. Aber auch im Reformhaus gibt es hochwertige Frischkost.
Konserven dürfen zur Kur nicht verwendet werden, denn sie sind bereits zu stark denaturiert. Tiefkühlprodukte können unter Umständen frischer als die nicht gekühlte Ware sein, wenn sie sofort nach der Ernte eingefroren wurden. Sie sind jedoch nicht mehr so naturbelassen wie möglich. Wenn persönliche Umstände den täglichen Einkauf frischer Rohkost nicht zulassen, kann man aber einen Teil des Bedarfs durch Tiefkühlprodukte (aber keine Fertiggerichte) decken, die keinerlei andere Zutaten und Zusätze enthalten dürfen.
Der tägliche Rohkostbedarf während der Kur beträgt 500–800 g. Je nach persönlichem Geschmack wird die Rohkost unterschiedlich aus Salaten, Gemüsen und Obst zusammengestellt. Als Grundregel gilt, daß je etwa $^1/_3$ der Tagesration als Salat, Gemüse und Obst verzehrt wird. Zur Geschmacksverbesserung darf Salaten und Gemüserohkost etwas Marinade aus Magerjoghurt und Kräutern zugefügt werden. Man stellt sie selbst her, die üblichen fertigen Marinaden eignen sich nicht zur Kur.
Verzehrt wird die Rohkost in 5 annähernd gleichen Portionen über den Tag verteilt. Die letzte Portion soll am Abend nicht später als 19

Uhr gegessen werden. Jede Portion bereitet man frisch zu und verzehrt sie gleich danach.
Die Zubereitung der Rohkost erfordert lediglich gründliche Reinigung mit kaltem Wasser; feste Früchte können auch mit einer Brüste abgeschrubbt werden. Danach kann sie in mundgerechte Stücke zerlegt werden, wenn das erforderlich ist. Zu fein darf die Rohkost jedoch nicht zerkleinert werden, damit das Gebiß beim Kauen gut genug beansprucht wird. Lediglich für Menschen, die an Kau- und Schluckstörungen leiden, kann es notwendig sein, die Rohkost besser zu zerkleinern oder sogar im Mixer zu pürieren, damit sie gut verwertet und vertragen wird.
Wichtig ist schließlich noch, daß die Rohkost gründlich gekaut und eingespeichelt wird. Sie soll sich dabei im Mund halb verflüssigen, ehe man sie schluckt. Auf diese Weise pflegt man nicht nur das Gebiß, sondern sorgt auch dafür, daß die Rohkost bereits im Mund aufgeschlossen und später besser verwertet werden kann.
Diese wenigen Grundsätze genügen, um die Rohkostkur richtig durchzuführen. Sie sollten strikt beachtet werden, denn davon hängt die Wirkung der Kur mit ab.

Saftfastenkur

Im Grunde wirken Säfte sehr ähnlich wie feste Rohkost. Man kann also je nach persönlichem Geschmack und Vorliebe entscheiden, ob eine Rohkost- oder Saftfastenkur durchgeführt wird. Manche Menschen vertragen feste Rohkost auch nicht so gut und können deshalb die meist besser verträglichen Säfte verwenden.
Die Saftfastenkur zur Selbsthilfe dauert ebenfalls 3–7 Tage. Wichtig ist auch dabei wieder die abwechslungsreiche Zusammenstellung aus verschiedenen Säften, damit möglichst alle Vitalstoffe zugeführt werden.
Insgesamt gibt man zur Saftfastenkur täglich 0,75 l Säfte. Diese Dosis kann je etwa zur Hälfte aus Obst- und Gemüsesäften bestehen. Noch empfehlenswerter ist es oft, je 0,3 l Obst- und Gemüsesäfte zu verabreichen, ergänzt durch 0,15 l Kräutersäfte, die spezielle therapeutische Wirkungen ausüben. Darüber berät der Therapeut oder das Fachpersonal im Reformhaus; zur Selbsthilfe kann man die Kräutersäfte aber auch mit Hilfe eines guten Buchs über die Pflanzentherapie je nach individuellem Bedarf auswählen.
Wer die Mühe nicht scheut, bereitet die Säfte portionsweise aus Rohkost zu, die am selben Tag gekauft wird und aus giftfreiem Anbau stammen muß. Bequemer ist es freilich, den Saftbedarf fertig zu kaufen, am besten im Reformhaus. Die Säfte müssen naturbelassen sein, dürfen also keinerlei Zusätze (wie Zucker, Salz, Konservierungsmittel) enthalten.
Eingenommen werden die Säfte in etwa 5 gleichen Portionen über den Tag verteilt. Je nach persönlichem Geschmack können verschiedene Säfte miteinander vermischt einge-

nommen werden, vor allem Gemüse- mit Kräutersäften und Obstsäfte untereinander; manche Säfte sollte man jedoch einzeln verabreichen, weil sie sich geschmacklich nicht mit anderen vertragen. Das muß man je nach persönlicher Vorliebe selbst ausprobieren.
Die Säfte sollen nicht getrunken, sondern in kleinen Schlucken eingenommen werden. Wichtig ist dabei, daß man sie einige Zeit im Mund wie guten Wein »kaut«, damit sie durch den Speichel auf die weitere Verwertung vorbereitet werden.
Angebrochene Saftflaschen müssen im Kühlschrank aufbewahrt werden. Man verwendet sie möglichst innerhalb eines Tages, damit sie nicht stärker entwertet werden oder gar verderben.
Nicht nur Kräutersäfte, auch viele Obst- und Gemüsesäfte führen zu spezifischen therapeutischen Wirkungen. Die wichtigsten stellt die folgende Tabelle vor. Daraus können Sie die Säfte auswählen, die für Ihren Gesundheitszustand am besten geeignet sind. Da hier nicht alle Säfte angeführt werden können, befragt man im Zweifel den Therapeuten oder das Fachpersonal im Reformhaus.

Fruchtsaft

Hauptwirkungen/Heilanzeigen

Apfel	Harnsäureablagerung in den Geweben mit Gicht oder Rheuma, Magen-Darm-Beschwerden, Darmträgheit.
Birne	Allgemeine Verschlackung, Ausschwemmung von Wasseransammlungen im Körper zur Herz-Kreislauf-Entlastung.
Brombeere	Magen-Darm-Beschwerden.
Hagebutte	Vorbeugung und Nachbehandlung von Nierensteinen, mild entwässernd, wegen des hohen Vitamin-C-Gehalts auch zur Kur gegen Frühjahrsmüdigkeit.
Heidelbeere	Magen-Darm-Beschwerden.
Johannisbeere	Allgemeine Verschlackung, Ausschwemmung von Wasseransammlungen im Körper zur Herz-Kreislauf-Entlastung, rheumatische Krankheiten, zur allgemeinen Kräftigung.
Orange	Magenstörungen, insbesondere mit Appetitmangel.
Pflaume	Stuhlverstopfung, chronische Darmträgheit.
Sauerkirsche	Magenleiden, ergänzend zur Entgiftung.
Traube	Verschlackung und Giftbelastung des Körpers, zur allgemeinen Kräftigung.

Gemüsesaft

Hauptwirkungen/Heilanzeigen

Artischocke	Allgemeine Verdauungsschwäche, Leberleiden mit ungenügender Entgiftung, zum Schutz der Leber vor Schäden durch Fehlernährung und Giftstoffe.

Brunnenkresse
Ausschwemmung von Schlacken und Giftstoffen, Stoffwechselanregung (der Saft enthält Iod, deshalb bei Schilddrüsenkrankheiten nur nach Verordnung verwenden).

Gurke
Verschlackung, vor allem bei dadurch verursachten Hautleiden.

Karotte (Möhre)
Haut- und Darmerkrankungen, allgemein zur Abwehrsteigerung, versuchsweise bei Sehstörungen.

Kartoffel
Verschlackung, Sodbrennen und andere Magenbeschwerden (genau nach Anweisung dosieren, da roher Kartoffelsaft in zu hoher Dosis giftig wirkt).

Rettich
Anregung der Gallenbildung und -absonderung mit vermehrter Entgiftung, Vorbeugung von Gallensteinen (bei bestehenden Leber-Gallenblasen-Leiden nur nach Verordnung verwenden).

Rote Bete
Allgemeine Kräftigung, Anregung der Zellatmung, zur Vorbeugung und ergänzenden Nachbehandlung von Krebs.

Sellerie
Verschlackung und Wasseransammlung im Körper.

Spinat
Allgemeine Verdauungsschwäche.

Tomate
Verdauungsstörungen, insbesondere am Magen.

Zwiebel
Allgemeine Verschlackung, desinfizierende Wirkung in den Verdauungsorganen.

Kräutersaft

Hauptwirkungen/Heilanzeigen

Ackerschachtelhalm
Verschlackung, Bindegewebsschwäche, nach Verordnung bei Nieren-Blasen-Leiden.

Birke
Verschlackung, Harnsäureablagerung in Geweben und Gelenken mit Gicht und Rheuma, unreine Haut, ergänzend bei Blasenentzündung, Wasseransammlung im Körper.

Brennessel
Verschlackung, Harnsäureablagerung in Geweben und Gelenken mit Gicht und Rheuma, unreine Haut, allgemeine Kräftigung.

Löwenzahn
Verschlackung, Harnsäureablagerung in Geweben und Gelenken mit Gicht und Rheuma, unreine Haut, Anregung der Gallenbildung und -absonderung.

Wermut
Verdauungsschwäche, vor allem mit Appetitmangel.

Die obige Auswahl erhebt keinen Anspruch auf Vollständigkeit, auch andere Säfte eignen sich gut zur Kur. Aber die hier genannten haben sich in der Praxis zur Entschlackung und Entgiftung gut bewährt. Wenn Sie unsicher sind, welche Säfte für Ihre Kur individuell am besten geeignet sind, erkundigen

Sie sich beim Therapeuten. Er kennt Ihren Gesundheitszustand und die Wirkungen der verschiedenen Saftsorten, kann also gezielte Empfehlungen geben.
Die 0,75 l Saft, die während des Saftfastens täglich eingenommen werden, genügen natürlich nicht, um den Flüssigkeitsbedarf zu decken. Dazu müssen zusätzlich noch 2–2,5 l andere Getränke täglich zugeführt werden, bevorzugt gutes Mineralwasser und Kräutertee, der die Harnausscheidung anregt (darüber berichten wir später bei den harntreibenden Heilpflanzen noch ausführlicher).
Während der Rohkostkur ist eine noch höhere Flüssigkeitsmenge notwendig. Zwar enthalten viele pflanzliche Lebensmittel reichlich Wasser, aber das ergibt bei 500–800 g Rohkost täglich keine 0,75 l Flüssigkeit wie beim Saftfasten. Zur Rohkostkur müssen deshalb noch mindestens 2,5 l Mineralwasser und Kräutertee am Tag getrunken werden.
Wenn die Rohkost- oder Saftfastenkur beendet ist, darf man nie sofort zur normalen Ernährung übergehen. Der Körper muß sich langsam wieder auf die Vollwertkost umstellen, sonst kann es zu einem Schockzustand mit erheblichen Beschwerden kommen. Diese Phase der Umstellung bezeichnet man als Fastenbrechen. Dazu gilt die Grundregel, daß das Fastenbrechen 1/4 der vorangegangenen Kurzeit dauern soll. Nach der 3–4tägigen Kurzkur genügt also 1 Tag, bei einer 5–7tägigen Kur sind 2 Tage Fastenbrechen erforderlich.

1. Tag des Fastenbrechens

Am 1. Tag nach beendeter Kur gibt man weiterhin reichlich Rohkost und Säfte, dazu bis zu 3 Scheiben Knäckebrot, Magerquark mit Kräutern, Weizenkeime und 1–3 Teelöffel Honig. Fleisch und Wurstwaren sind noch strikt zu meiden.

2. Tag des Fastenbrechens

Am nächsten Tag gibt es zum Frühstück Müsli mit Obst und etwas Honig. Das Mittagessen besteht aus Rohkost, dazu Kartoffeln und gedünstetes Gemüse. Abends verzehrt man Knäckebrot mit Kräuterquark. Fleisch und Wurstwaren sind immer noch ausgeschlossen.
Ab dem 3. Tag kehrt man dann zur leichten Vollwertkost zurück. Dabei ist es besonders wichtig, daß die früheren Fehler der Ernährung, die zur Verschlackung führten, konsequent ausgeschaltet werden. Sonst dauert die Kurwirkung nicht lange nach. Es empfiehlt sich, noch mindestens 10–14 Tage streng vegetarische Kost einzuhalten, wenn man nach der Kur nicht endgültig auf die gesunde fleischlose Ernährung umstellen will.

Gründliche Darmentschlackung

Unentbehrlich zur gründlichen Entgiftung und Entschlackung des Körpers ist die ergänzende Darmreinigung. Im Darm sammeln sich im

Lauf der Zeit auch dann Schlacken an, wenn man nicht an chronischer Darmträgheit leidet. Sie schädigen die Schleimhaut und Darmflora und können indirekt das Immunsystem schwächen. Wenn die Ärzte in der Antike lehrten, daß »der Tod aus dem Darm kommt«, und ihren Patienten drastische Reinigungskuren verordneten, war das sicherlich übertrieben. Aber die Entschlackungs- und Entgiftungskur bleibt unvollständig und wirkt nicht optimal, wenn sie nicht durch die gründliche Darmentschlackung unterstützt wird.

Die Fastenkur eignet sich sogar besonders gut, um den Darm zu reinigen. Wenn keinerlei Nahrung oder nur Rohkost und Säfte zugeführt werden, nimmt der von der Verdauungsarbeit weitgehend entlastete Darm wie ein Schwamm viele Gifte und Schlacken aus dem Körper auf. Sie müssen sofort entfernt werden, damit sie keine Schäden anrichten oder wieder aus dem Darm in den Körper aufgenommen werden. Deshalb sehen alle Fastenpläne eine gründliche Darmreinigung vor.

Abführmittel sind zwar grundsätzlich nie geeignet, um die Darmentleerung zu erzwingen, aber während der Entschlackungs- und Entgiftungskur gilt eine Ausnahme von dieser Grundregel. Die notwendige gründliche Darmentschlackung erreicht man nämlich auf andere Weise nicht. Während der wenigen Kurtage können die Abführmittel ohne Risiken verabreicht werden (bei Darmkrankheiten muß aber der Therapeut befragt werden), danach setzt man sie sofort wieder ab.

Am besten eignet sich zur Kur meist die altbewährte Glaubersalzlösung. Dieses salinische Abführmittel wirkt mild ohne Reizung der Darmschleimhaut und weicht auch fest an der Darmwand verkleisterte Kotmassen bald auf. In der Regel gibt man an jedem 2. Kurtag morgens gleich nach dem Aufstehen nüchtern die nach Gebrauchsanweisung zubereitete Glaubersalzlösung. Im allgemeinen wird der Darm danach bald entleert, was sich im Tagesverlauf noch mehrmals wiederholen kann. Dem muß bei der Gestaltung des Tagesablaufs Rechnung getragen werden, also zum Beispiel keine stundenlangen Wanderungen unternehmen, bei denen keine Toilette aufgesucht werden kann.

Als Alternative zur reinen Glaubersalzlösung gibt es auch verschiedene salinische Abführmittel als Fertigmedikamente, die ähnlich mild und zuverlässig wirken. Sie können ebenfalls verwendet werden. Andere Abführmittel dagegen, die pflanzliche und chemische Wirkstoffe enthalten und den Darm reizen, sollen nie gebraucht werden, sofern sie nicht ausdrücklich einmal vom Therapeuten verordnet wurden.

Wenn die Glaubersalzlösung oder ein anderes salinisches Abführmittel nicht zufriedenstellend wirkt (das kommt bei richtiger Anwendung selten vor), eignen sich als Alternative die Darmeinläufe. Auch sie wirken relativ schonend und zuverlässig, ohne die Darmschleimhaut unnötig zu reizen. Nicht angezeigt sind Einläufe allerdings, wenn Hä-

morrhoiden, Entzündungen und Risse am After oder andere Erkrankungen des Enddarms bestehen.
Zum Teil genügt es, zum Einlauf klares Wasser zu verwenden, das am mildesten wirkt. Das Wasser wird handwarm verabreicht.
Zunächst versucht man es mit 0,5–1 l Wasser, in hartnäckigen Fällen können pro Einlauf 2–3 l Wasser in den Darm verabreicht werden.
Durch Zusatz von etwas Pflanzen- (vor allem Oliven-) öl oder Glyzerin wird die abführende Wirkung verbessert.
Das Wasser füllt man in einen Klistierballon, der in der Apotheke erhältlich ist. Das Hartgummirohr dieses Ballons wird eingefettet, damit es leichter in den Darm gleitet.
Dann legt man sich auf eine Körperseite und zieht die Knie leicht an. Ein vertrauter Helfer führt das Hartgummirohr nun vorsichtig (keine Gewalt anwenden) von hinten unten nach vorne oben in den Darm ein. Wenn das Rohr richtig im Darm sitzt, wird die Flüssigkeit langsam durch Druck auf den Gummiballon in den Darm gepreßt. Danach entfernt man das Rohr vorsichtig wieder aus dem Darm. Im allgemeinen kommt es bald danach zur Entleerung der durch den Einlauf erweichten Kotmassen.
In der Apotheke gibt es auch fertige Klistierlösungen. Sie werden nach Gebrauchsanweisung zubereitet und in der oben genannten Weise mit dem Klistierballon verabreicht.
Manche Fertigklistiere besitzen an der Tube ein Ansatzstück, das man in den Darm einführt; dann benötigt man keinen Klistierballon. Eine noch gründlichere Entschlackung und Entgiftung des Darms erreicht man durch Darmbäder. Sie bleiben jedoch der fachlichen Anwendung in der Praxis oder Klinik vorbehalten, zu Hause kann man sie nicht durchführen. Darauf gehen wir später bei der Anregung der Entgiftung und Ausscheidung noch genauer ein.
Oft empfiehlt es sich, die oben beschriebene Darmreinigung noch durch Sauerkraut zu ergänzen. Bei der Rohkostkur gibt man das rohe Kraut, bei der Saftfastenkur den Sauerkrautsaft; beide erhält man in guter Qualität im Reformhaus. Als Tagesdosis nimmt man 4–6 Gabeln Sauerkraut in mehreren Portionen ein; jeder Bissen Sauerkraut muß gründlich gekaut werden. Sauerkrautsaft dosiert man nach Gebrauchsanweisung und nimmt ebenfalls mehrere Portionen über den Tag verteilt ein.
Sauerkraut und -saft wirken zwar auch mild abführend, aber dazu müssen sie nicht zusätzlich zu Glaubersalz oder Einläufen verabreicht werden. Besonders wichtig ist vielmehr der Gehalt an Milchsäure, die bei der Vergärung des Kohls entsteht. Je nachdem, welche Bakterien die Gärung bewirken, entsteht mehr links oder rechtsdrehende Milchsäure, meist ein Razemat, das beide Arten Milchsäure enthält.
(Die Bezeichnung rechts-/linksdrehend bezieht sich auf die Eigenschaft der Milchsäure, die Schwingungsebene von linear polarisiertem Licht um einen bestimmten Anteil

nach rechts oder links zu verdrehen).
Grundsätzlich gilt, daß das Sauerkraut vorwiegend die rechtsdrehende L(+)-Milchsäure enthalten soll, die vom Organismus bevorzugt verwertet wird. Die linksdrehende D(-)-Milchsäure dagegen wird weitgehend ungenutzt wieder ausgeschieden. Besonders wichtig ist die Milchsäure des Sauerkrauts, um im Darm die nützlichen Bakterien zu fördern und schädliche Keime zu unterdrücken. Indirekt trägt sie auch zur Entschlackung und Anregung des Immunsystems bei. Außerdem regt Milchsäure die körpereigene Produktion von Vitamin B 2 an, das unentbehrlich für den Zellstoffwechsel ist; auch dadurch fördert sie indirekt den Abbau von Schlacken und Giftstoffen.
Wenn die Darmflora stärker geschädigt ist (bei chronischer Verschlackung kommt das häufig vor), genügt die Milchsäure des Sauerkrauts nicht immer zur »Aufforstung« der nützlichen Darmbakterien. Der Therapeut wird dann gezielt durch geeignete Arzneimittel die Darmflora sanieren. Darüber informieren wir später noch ausführlich.
Auch nach der Entschlackungs- und Entgiftungskur soll die Darmflora ständig gepflegt werden. Das ist unter anderem notwendig für die Darmentschlackung durch regelmäßige Stuhlentleerung. Dazu kann man außer Sauerkraut auch gesäuerte Milchprodukte mit vorwiegend rechtsdrehender Milchsäure aus dem Reformhaus verwenden, vor allem Bioghurt, Sanoghurt, Kefir und Quark. Solche Lebensmittel sollten Bestandteil der vollwertigen Kost sein. Sie werden meist auch dann gut vertragen, wenn Milch und nicht gesäuerte Milchprodukte zu Beschwerden führen. Reiner Milchzucker bewährt sich gleichfalls gut, um die Darmflora zu pflegen und den Stuhlgang zu regulieren. Im Gegensatz zur ungesunden Zuckerraffinade fördert Milchzucker die Gesundheit. Im Darm wird er zum Teil in die nützliche Milchsäure umgewandelt.

Kurpläne zur Selbsthilfe

Die regelmäßige Entschlackung und Entgiftung sollte zur selbstverständlichen Gesundheitsvorsorge gehören, damit es erst garnicht zur übermäßigen Belastung des Körpers kommt. Das gilt heute auch für Menschen, die sich gesundheitsbewußt ernähren und verhalten, denn zumindest den Schadstoffen aus der Umwelt sind wir alle mehr oder minder stark ausgesetzt. Noch wichtiger sind die Kuren natürlich für die vielen Menschen, die sich zu wenig um ihre Gesundheit kümmern. Für sie sollte die Kur aber kein Alibi für gesundheitsschädliches Verhalten danach sein, sondern Anlaß, die eingeschliffenen falschen Gewohnheiten konsequent abzustellen.
Die folgenden Kurpläne sind hauptsächlich zur vorbeugenden Eigenbehandlung gedacht, die übermäßige Verschlackung und Giftbelastung verhindert. Auch wenn mäßige Schlacken- und Giftan-

sammlung mit leichteren Allgemeinsymptomen besteht, können die Kurpläne noch zur Selbsthilfe genutzt werden. Bei stärkeren Beschwerden oder bestehenden Krankheiten muß aber grundsätzlich jede Kur mit dem Therapeuten abgestimmt werden. Nur er kann beurteilen, ob eine solche Kur angezeigt ist, Vorsichtsmaßnahmen und Gegenanzeigen zu berücksichtigen sind oder eine zusätzliche Therapie durch Naturheilverfahren angewendet werden muß.
Es ist nicht erforderlich, die folgenden Kurpläne genau einzuhalten. Die genannten Säfte und Rohkostarten zum Beispiel können je nach jahreszeitlichem Angebot und persönlichem Geschmack gegen andere ausgetauscht werden. Wichtig ist immer, daß die Kurpläne sinngemäß befolgt werden.

Kurzkuren zur Vorsorge

Die kurze Rohkost- oder Saftkur zur Vorbeugung übermäßiger Belastung durch Schlacken und Giftstoffe oder zur Ausscheidung bereits vorhandener mäßiger Ablagerungen im Körper soll durchschnitltich 3–4 Tage, aber zur Selbsthilfe nie länger als 7 Tage dauern. Sie kann mehrmals jährlich wiederholt werden. Eine strenge Fastenkurzkur dauert zur Selbsthilfe nur 2–3 Tage und wird am besten am freien Wochenende durchgeführt; sie kann ebenfalls nach Bedarf mehrmals jährlich, wenn nötig auch alle 4–6 Wochen absolviert werden.

Vorkurtag

Am Tag vor der Fasten-, Rohkost- oder Saftkur bereitet man sich durch Einschränkung der Nahrungszufuhr auf die Kur vor. Gleichzeitig sollte man sich auch seelisch-geistig durch Entspannungsübungen auf die Kur einstimmen. Allerdings kann man mit dem Entspannungstraining nicht erst am Vorkurtag beginnen, denn es dauert einige Zeit, bis die Übungen gut beherrscht werden.
Das Training soll deshalb schon 6–8 Wochen vor Kurbeginn eingeleitet werden.
Nach folgendem Schema soll der Vorkurtag sinngemäß ablaufen:
- Nach dem Erwachen im Bett: Entspannungsübungen.
- Nach dem Aufstehen: 2 Glas zimmerwarmes Mineralwasser trinken; Gymnastik; Körperpflege mit Wechseldusche.
- Frühstück: 150 ml Obst- oder Gemüsesaft; Bircher-Müsli mit Obst; 1–2 Tassen Kräutertee.
- 2. Frühstück: 150 ml Obst- oder Gemüsesaft; Mineralwasser.
- Mittagessen: Salat mit Magerjoghurtsoße; Rohkostplatte mit Kartoffeln; als Nachtisch frisches Obst; Mineralwasser.
- Zwischenmahlzeit am Nachmittag: 1–2 Scheiben Knäckebrot und frisches Obst; Mineralwasser.
- Am späten Nachmittag: Sport an der frischen Luft je nach individueller Leistungsfähigkeit.
- Abendessen: 2 Scheiben Knäckebrot mit Kräutermagerquark; Mineralwasser.
- Vor dem Schlafengehen (21/22

Uhr): 1–2 Tassen Baldriantee; Gymnastik; Körperpflege.
- Im Bett vor dem Einschlafen: Entspannungsübungen.

Die Kalorienzufuhr soll nur noch 1000–1200 betragen, alle Genußmittel sind strikt zu meiden.

Rohkostkur

Dazu benötigt man täglich 500–800 g frisches Obst und Gemüse, und zwar verschiedene Sorten, damit alle Vitalstoffe zugeführt werden. Jede der 5 Rohkostportionen, die man über den Tag verteilt verzehrt, wird frisch zubereitet. Als Gewürz verwendet man nur frische Kräuter, keinesfalls Kochsalz, das Wasser im Körper zurückhält. Saftreiche Rohkost, vor allem die verschiedenen Obstsorten, gibt man ohne Marinade, zur Gemüserohkost kann auf Wunsch etwas Magerjoghurt-Kräuter-Marinade zugefügt werden. Getrunken wird reichlich Mineralwasser und Kräutertee, aber kein Schwarztee, Kaffee oder Alkohol. Wer wegen des Verzichts auf den gewohnten Kaffee an Blutdruckschwankungen leidet, verwendet am besten morgens und nachmittags den mild blutdrucksteigernden Rosmarintee; nach 17 Uhr darf er aber nicht mehr verabreicht werden, die anregende Wirkung könnte den Schlaf behindern.

Das folgende Schema für 3 Rohkosttage veranschaulicht, wie die Kurzkur ablaufen soll. Die genannten Gemüse können gegen andere je nach Jahreszeit und persönlichem Geschmack ausgetauscht werden.

1. ROHKOSTTAG
- Nach dem Erwachen im Bett: Entspannungsübungen.
- Nach dem Aufstehen: 2 Glas zimmerwarmes Mineralwasser; Gymnastik; Körperpflege mit Wechseldusche.
- Frühstück: Rohkostplatte (200 g) mit Karotten, Paprika, Radicchio und Tomaten; 1–2 Tassen Kräutertee.
- 2. Frühstück: frisches Obst (100 g); Mineralwasser.
- Mittagessen: Rohkostplatte (200 g) mit Chicoree, Gurke, Kopfsalat und Tomaten; Mineralwasser.
- Nach dem Essen: Entspannungsübungen. Zwischenmahlzeit am Nachmittag: frisches Obst (100 g); Mineralwasser.
- Am späten Nachmittag: Sport an der frischen Luft je nach individueller Leistungsfähigkeit.
- Abendessen: Rohkostplatte (150 g) mit Eisbergsalat, Karotten und Rettich; Mineralwasser.
- Vor dem Schlafengehen (21/22 Uhr): 1–2 Tassen Baldriantee; Gymnastik; Körperpflege.
- Im Bett vor dem Einschlafen: Entspannungsübungen.

2. ROHKOSTTAG
- Nach dem Erwachen im Bett: Entspannungsübungen.
- Nach dem Aufstehen: Glaubersalz oder Darmeinlauf; ansonsten wie am 1. Rohkosttag.
- Frühstück: Rohkostplatte (200 g) mit Karotten, Kopfsalat, Kresse und Radieschen; 1–2 Tassen Kräutertee.
- 2. Frühstück: frisches Obst

(100 g); Mineralwasser.
- Mittagessen: Rohkostplatte (200 g) mit Endiviensalat, Zwiebel, Orangenscheiben und Oliven; Mineralwasser.
- Nach dem Essen: Entspannungsübungen.
- Zwischenmahlzeit am Nachmittag: frisches Obst (100 g); Mineralwasser.
- Am späten Nachmittag: längerer Spaziergang in flottem Tempo.
- Abendessen: Rohkostplatte (150 g) mit Chinakohl, Sauerkraut und Tomaten; Mineralwasser.
- Vor dem Schlafengehen (21/22 Uhr): wie am 1. Rohkosttag.
- Im Bett vor dem Einschlafen: Entspannungsübungen.

3. ROHKOSTTAG
- Nach dem Erwachen im Bett: Entspannungsübungen.
- Nach dem Aufstehen: wie am 1. Rohkosttag.
- Frühstück: Rohkostplatte (200 g) mit Gurke, Paprika, Sellerie und Champignonscheiben; 1–2 Tassen Kräutertee.
- 2. Frühstück: frisches Obst (100 g); Mineralwasser.
- Mittagessen: Rohkostplatte (200 g) mit Karotten, Tomaten und milchsauer eingelegten rote Bete; Mineralwasser.
- Nach dem Essen: Entspannungsübungen.
- Zwischenmahlzeit am Nachmittag: frisches Obst (100 g); Mineralwasser.
- Am späten Nachmittag: Sport wie am 1. Rohkosttag.
- Abendessen: Rohkostplatte (150 g) mit Feldsalat, Kresse, Paprika und Radieschen; Mineralwasser.
- Vor dem Schlafengehen: wie am 1. Rohkosttag.
- Im Bett vor dem Einschlafen: Entspannungsübungen.

Dauert die Rohkostkur länger als 3 Tage, wird sie sinngemäß bis zu 7 Tage lang fortgeführt. Am 4./6. Tag führt man dann nochmals wie am 2. Rohkosttag die gründliche Darmreinigung mit Glaubersalz oder Einlauf durch. Am 5./7. Tag wird am späten Nachmittag wieder Sport getrieben, am 4./6. Tag geht man längere Zeit in flottem Tempo spazieren. Die Kur endet mit dem später noch beschriebenen Fastenbrechen.

Saftkur

Die Kur mit Säften führt man sinngemäß wie die Rohkostkur durch; anstelle der festen Rohkost wird dazu eben die »flüssige« verwendet. Jeden Tag sind 0,75 l Säfte notwendig, am besten je 0,3 l Obst-/Gemüsesaft und 0,15 l Kräutersaft, die in 5 Portionen über den Tag verteilt eingenommen werden. Außerdem ist Mineralwasser und geeigneter Kräutertee ausreichend notwendig, um die Gewebe gut durchzuspülen und die Ablagerungen auszuscheiden. Das folgende Kurschema veranschaulicht den Ablauf für 3 Tage. Die hier angegebenen Säfte können je nach persönlichem Geschmack durch andere ersetzt werden; bei den Kräutersäften berücksichtigt man die spezifische therapeutische Wirkung der verschiedenen Heilpflanzen.

1. SAFTTAG

- Nach dem Erwachen im Bett: Entspannungsübungen.
- Nach dem Aufstehen: 2 Glas zimmerwarmes Mineralwasser; Gymnastik; Körperpflege mit Wechseldusche.
- Frühstück: 100 ml Apfelsaft mit 50 ml Orangensaft gemischt; 1–2 Tassen Kräutertee.
- 2. Frühstück: je 50 ml Karotten-, Kresse- und Selleriesaft gemischt; Mineralwasser.
- Mittagessen: 80 ml Tomatensaft mit je 20 ml Kerbel-, Petersilien- und Spinatsaft und 10 ml Borretschsaft gemischt; Mineralwasser.
- Nach dem Essen: Entspannungsübungen.
- Zwischenmahlzeit am Nachmittag: 100 ml Birnensaft mit je 25 ml Gurken- und Rettichsaft gemischt; Mineralwasser.
- Am späten Nachmittag: Sport an der frischen Luft je nach individueller Leistungsfähigkeit.
- Abendessen: je 50 ml schwarzer Johannisbeer- und Rote-Bete-Saft gemischt, dazu einzeln 50 ml Löwenzahnsaft; Mineralwasser.
- Vor dem Schlafengehen (21/22 Uhr): 1–2 Tassen Baldriantee; Gymnastik; Körperpflege.
- Im Bett vor dem Einschlafen: Entspannungsübungen.

2. SAFTTAG

- Nach dem Erwachen im Bett: Entspannungsübungen.
- Nach dem Aufstehen: Glaubersalz oder Darmeinlauf zur gründlichen Darmreinigung; ansonsten wie am 1. Safttag.
- Frühstück: 50 ml Brennesselsaft mit 100 ml Spargelsaft gemischt; 1–2 Tassen Kräutertee.
- 2. Frühstück: 80 ml Pflaumensaft mit 20 ml Sauerkirschsaft und 50 ml Pfirsichsaft gemischt; Mineralwasser.
- Mittagessen: je 50 ml Rote-Bete- und Selleriesaft mit 50 ml Thymiansaft gemischt; Mineralwasser.
- Nach dem Essen: Entspannungsübungen.
- Zwischenmahlzeit am Nachmittag: je 70 ml Erdbeer- und Kirschsaft mit 10 ml Zitronensaft gemischt; Mineralwasser.
- Am späten Nachmittag: längerer Spaziergang in flottem Tempo.
- Abendessen: je 50 ml Karotten- und Tomatensaft mit 30 ml Zwiebelsaft und je 10 ml Ackerschachtelhalm- und Knoblauchsaft gemischt; Mineralwasser.
- Vor dem Schlafengehen (21/22 Uhr): wie am 1. Safttag.
- Im Bett vor dem Einschlafen: Entspannungsübungen.

3. SAFTTAG

- Nach dem Erwachen im Bett: Entspannungsübungen.
- Nach dem Aufstehen: wie am 1. Safttag.
- Frühstück: 100 ml Sauerkrautsaft mit je 20 ml Ackerschachtelhalm- und Spitzwegerichsaft und 10 ml Knoblauchsaft gemischt; 1–2 Tassen Kräutertee.
- 2. Frühstück: 100 ml Orangensaft und 50 ml Brennesselsaft jeweils einzeln; Mineralwasser.
- Mittagessen: je 50 ml Gurken- und Birnensaft mit 50 ml Birken-

saft gemischt; Mineralwasser.
- Nach dem Essen: Entspannungsübungen.
- Zwischenmahlzeit am Nachmittag: 50 ml Grapefruitsaft mit 70 ml Apfelsaft und 30 ml Rhabarbersaft gemischt; Mineralwasser.
- Am späten Nachmittag: Sport wie am 1. Safttag.
- Abendessen: 100 ml Karottensaft mit 50 ml Endiviensaft gemischt; Mineralwasser.
- Vor dem Schlafengehen (21/22 Uhr): wie am 1. Safttag.
- Im Bett vor dem Einschlafen: Entspannungsübungen.

Soll die Kur länger als 3 Tage dauern, wird sie sinngemäß bis zum 7. Tag fortgesetzt. Am 4./6. Tag nimmt man nochmals die Darmreinigung mit Glaubersalz oder Einlauf vor. Am 5./7. Tag treibt man am späten Nachmittag Sport, am 4./6. Tag geht man längere Zeit in flottem Tempo spazieren. Die Saftkur wird mit dem später beschriebenen Fastenbrechen beendet.

Strenge Fastenkurzkur

Die kurze Fastenkur ohne Rohkost oder Säfte soll 2–3 Tage dauern. Am besten führt man sie am freien Wochenende durch und beginnt donnerstags oder freitags mit dem Vorfastentag. Dann folgen die Fastentage, an denen reichlich Mineralwasser und Kräutertee, aber keine Säfte oder feste Nahrung verabreicht werden dürfen. Allenfalls kann mittags und abends je 1 Teller klare Gemüsebrühe (ohne Kochsalz), die man beim Garen von Gemüse erhält, eingenommen werden; sie ist reich an anorganischen Vitalstoffen.

1. FASTENTAG
- Nach dem Erwachen im Bett: Entspannungsübungen.
- Nach dem Aufstehen: 2 Glas zimmerwarmes Mineralwasser; Gymnastik; Körperpflege mit Wechseldusche; 1–2 Tassen Kräutertee.
- Vormittags: 2–3 Glas Mineralwasser und 1 Tasse Kräutertee.
- Mittags: 2–3 Glas Mineralwasser und 1 Tasse Kräutertee; auf Wunsch 1 Teller klare Gemüsebrühe; danach Entspannungsübungen.
- Nachmittags: 2–3 Glas Mineralwasser und 1 Tasse Kräutertee.
- Am späten Nachmittag: Sport an der frischen Luft je nach individueller Leistungsfähigkeit.
- Abends: 2–3 Glas Mineralwasser; auf Wunsch 1 Teller klare Gemüsebrühe.
- Vor dem Schlafengehen (21/22 Uhr): 1–2 Tassen Baldriantee; Gymnastik; Körperpflege.
- Im Bett vor dem Einschlafen: Entspannungsübungen.

2. FASTENTAG
Er verläuft nach dem gleichen Schema wie der 1. Fastentag. Morgens nach dem Aufstehen führt man zusätzlich mit Glaubersalz oder Einlauf die gründliche Darmreinigung durch. Am späten Nachmittag geht man in flottem Tempo längere Zeit spazieren.

3. FASTENTAG
Wenn die Kurzfastenkur 3 Tage dauern soll, läuft der 3. Tag wie der 1. Fastentag ab. Dann kann man das obige Schema auch abändern, indem man am 1. und 3. Tag Glaubersalz oder Einlauf anwendet, um den Darm besonders gründlich zu entschlacken; am 2. Tag entfällt die Darmreinigung in diesem Fall.

Fastenbrechen

Nach beendeter Rohkost-, Saft- oder Kurzfastenkur muß der Körper allmählich wieder an die normale Kost gewöhnt werden. Dieses Fastenbrechen verläuft bei allen hier genannten Kuren nach dem weiter unten beschriebenen Schema. Wenn die Kur nur 2–3 Tage dauerte, genügt grundsätzlich auch das eintägige Fastenbrechen, besser sollte man aber auch dann 2 Tage zur Umstellung auf die vollwertige Kost vorsehen. Nach einer Kur, die 4–7 Tage dauerte, müssen immer 2 Tage Fastenbrechen eingehalten werden.

1. TAG FASTENBRECHEN
- Nach dem Erwachen im Bett: Entspannungsübungen.
- Nach dem Aufstehen: 2 Glas zimmerwarmes Mineralwasser; Gymnastik; Körperpflege mit Wechseldusche.
- Frühstück: 1–2 Tassen Kräutertee mit 1 Teelöffel Honig.
- 2. Frühstück: 1 Tasse Kräutertee mit 1 Teelöffel Honig; 1 geriebener Apfel; Mineralwasser.
- Mittagessen: 1–2 Teller klare Gemüsebrühe; Mineralwasser.
- Nach dem Essen: Entspannungsübungen.
  Zwischenmahlzeit am Nachmittag: 1 Tasse Kräutertee mit 1 Teelöffel Honig; 1 geriebener Apfel; Mineralwasser.
- Am späten Nachmittag: Sport an der frischen Luft nach individueller Leistungsfähigkeit.
- Abendessen: 1 Teller klare Gemüsebrühe; 1 Scheibe Knäckebrot und 1 Becher Magerjoghurt mit Kräutern; Mineralwasser.
- Vor dem Schlafengehen (21/22 Uhr): 1–2 Tassen Baldriantee mit 1 Teelöffel Honig; Gymnastik; Körperpflege.
- Im Bett vor dem Einschlafen: Entspannungsübungen.

2. TAG FASTENBRECHEN
- Nach dem Erwachen im Bett: Entspannungsübungen.
- Nach dem Aufstehen: wie am 1. Tag des Fastenbrechens. Frühstück: 1–2 Tassen Kräutertee mit 1 Teelöffel Honig; 1–2 Scheiben Knäckebrot mit 5 g Butter und Kräuterquark; Mineralwasser.
- 2. Frühstück: 1–2 Tassen Kräutertee; 1 geriebener Apfel; Mineralwasser.
- Mittagessen: Rohkostplatte; gedünstetes Gemüse mit Kartoffeln; Mineralwasser.
- Nach dem Essen: Entspannungsübungen. – Zwischenmahlzeit am Nachmittag: 1 geriebener Apfel; 1 Scheibe Knäckebrot mit 1/2 Becher Magerjoghurt; Mineralwasser.
- Am späten Nachmittag: längerer

Spaziergang in flottem Tempo.
- Abendessen: 2 Scheiben Knäckebrot mit 5 g Butter und Kräuterquark; 1 Tomate; Mineralwasser.
- Vor dem Schlafengehen (zur vor der Kur gewohnten Zeit): wie am 1. Tag des Fastenbrechens.
- Im Bett vor dem Einschlafen: Entspannungsübungen.

Ab dem 3. Tag kehrt man zur Vollwertkost zurück, die alle Fehler der früheren Ernährungsweise vermeidet. Sie soll noch 10–14 Tage streng vegetarisch sein, wenn nicht endgültig dauernd auf vegetarische Vollwertkost umgestellt werden soll.
In Zukunft behält man Gymnastik, Sport und Entspannungsübungen regelmäßig zur Gesundheitsvorsorge bei. Die Darmreinigung durch Glaubersalz oder Einläufe dagegen darf nach der Kur nicht fortgesetzt werden, der Stuhlgang muß durch ausreichend Ballaststoffe wieder ohne solche Hilfen regelmäßig erfolgen.

Frühjahrs- und Herbstkuren

Traditionell führt man im Frühjahr oft eine »Blutreinigungskur« gegen die Frühjahrsmüdigkeit durch, die sich aus der vermehrten Schlackenansammlung und den Lichtmangel in der kalten Jahreszeit erklärt. Durch die Frühjahrskur sollen die Schlacken ausgeschwemmt und der Körper mit Vitalstoffen »überschwemmt« werden, damit sich das Befinden bald bessert. Dazu bewährt sich das folgende Kurschema, das 4 Wochen dauert, nach praktischer Erfahrung besonders gut.

Einleitung der Frühjahrskur

- 1 Vorkurtag.
- 2 strenge Fastentage zur raschen Einleitung der Ausscheidung und Umstimmung.
- 5 Rohkost- oder Safttage unmittelbar anschließend (also ohne Fastenbrechen).
- 2 Tage Fastenbrechen.

(Der Ablauf des Vorkurtags und der Fasten-, Rohkost/Saftkur sowie des Fastenbrechens entspricht dem weiter vorne bei den entsprechenden Abschnitten beschriebenen Kurschema.)

Nachkur

Am Tag nach dem Fastenbrechen beginnt dann die Nachkur, die im Durchschnitt 18 Tage dauert. Sie setzt die Entschlackung, Entgiftung und Umstimmung, die durch die vorangegangenen 10 Kurtage kräftig angeregt wurden, mit mildernen Maßnahmen fort.
Die Ernährung während der gesamten Nachkur besteht aus streng vegetarischer Vollwertkost, die 50 % Rohkostanteil enthält; außerdem wird reichlich Mineralwasser getrunken. Täglich absolviert man morgens im Bett Entspannungsübungen, danach Gymnastik, abends vor dem Schlafengehen ebenfalls Gymnastik und danach im Bett Entspannungsübungen.
Ergänzt wird das Bewegungsprogramm 3-mal wöchentlich durch Sport an der frischen Luft je nach individuellem Leistungsvermögen; an den restlichen 4 Tagen der Wo-

che führt man anstelle von Sport längere Spaziergänge in flottem Tempo durch.

Zur Abhärtung mit Training der Gefäßregulation und Immunfunktionen eignen sich morgens Wechselduschen, die problemlos mit der Körperreinigung verbunden werden können. Verbessern läßt sich die abhärtende Wirkung, indem man abends vor dem Schlafengehen Wassertreten in der bis über die Wadenmitte mit kaltem Wasser gefüllten Badewanne durchführt; durch Ableitung vom Kopf verbessert diese Anwendung auch den Schlaf.

Die Ausscheidung von Schlacken und Giftstoffen über die Nieren wird durch mild harntreibende Kräutersäfte gesteigert. Dazu hat sich das folgende Schema in der Praxis gut bewährt:

- 1.–6. Tag: morgens 2, nachmittags 1 Eßlöffel Brennesselsaft, verdünnt mit der 6fachen Menge Wasser.
- 7.–12. Tag: morgens 2, nachmittags 1 Eßlöffel Löwenzahnsaft, verdünnt mit der 6fachen Menge Wasser.
- 13.–18. Tag: morgens 2, nachmittags 1 Eßlöffel Selleriesaft, verdünnt mit der 6fachen Menge Wasser.

Die Einnahme harntreibender Säfte erfordert voll funktionsfähige Nieren. Im Zweifelsfall befragt man vorher den Therapeuten. Schließlich muß für die weitere gründliche Entschlackung des Darms gesorgt werden. Der hohe Rohkostanteil der Ernährung während der Kur führt zwar reichlich Ballaststoffe zu, aber um die Entschlackung zu verbessern, sollte zusätzlich täglich der meist verträgliche Milchzucker eingenommen werden. Noch besser entschlacken Glaubersalz oder Einläufe, die während der Nachkur jeden 3. Tag morgens angewendet werden. Unbedingt notwendig sind Glaubersalz oder Einläufe nicht, grundsätzlich aber bis zum Ende der Nachkur (nicht länger) zu empfehlen.

Alle Genußmittel und tierische Nahrungsmittel (außer Milchprodukte) werden während der Nachkur strikt gemieden.

Das folgende Schema veranschaulicht, wie ein Tag während der Nachkur ablaufen soll. Die einzelnen Mahlzeiten werden abwechslungsreich aus verschiedenen Rohkostsorten zusammengestellt, damit sie vollwertig und wohlschmeckend sind. Anstelle von Kochsalz, das Wasser im Körper bindet, gebraucht man nur frische Kräuter zum Würzen.

- Nach dem Erwachen im Bett: Entspannungsübungen.
- Nach dem Aufstehen: 2 Glas zimmerwarmes Mineralwasser; Gymnastik; Körperpflege mit Wechseldusche; bei Bedarf jeden 3. Tag Glaubersalz oder Einlauf zur gründlichen Darmreinigung.
- Frühstück: 150 ml Obst- oder Gemüsesaft; Müsli mit Obst; Knäcke- oder Vollkornbrot mit Kräuterquark oder Joghurt; 2 Tassen Kräutertee.
- 2. Frühstück: frisches Obst mit Quark, Joghurt oder Kefir; 2 Eßlöffel Brennessel-, Löwen-

zahn- oder Selleriesaft in der 6fachen Menge Wasser.
- Mittagessen: Salat-Gemüse-Rohkostplatte; Kartoffeln, Vollreis oder Vollkornteigwaren mit gedünstetem Gemüse; als Nachtisch frisches Obst; Mineralwasser.
- Zwischenmahlzeit am Nachmittag: frisches Obst mit 1 Scheibe Knäckebrot; 1 Eßlöffel Brennessel-, Löwenzahn- oder Selleriesaft in der 6fachen Menge Wasser.
- Am späten Nachmittag: 3mal wöchentlich Sport an der frischen Luft je nach individueller Leistungsfähigkeit; an den anderen 4 Tagen Spaziergänge in flottem Tempo für mindestens 1 Stunde.
- Abendessen: Salat-Gemüse-Rohkostplatte; 2–3 Scheiben Knäckeder Vollkornbrot mit Kräuterquark; frisches Obst; Mineralwasser.
- Vor dem Schlafengehen (möglichst frühzeitig): 1–2 Tassen Baldriantee mit 1 Teelöffel Honig; Gymnastik; Körperpflege; 2 Minuten Wassertreten in der Badewanne zur Abhärtung.
- Im Bett vor dem Einschlafen: Entspannungsübungen.

  Nach der 18tägigen Kur kehrt man dann zur gesunden Ernährungs- und Lebensweise zurück. Frühere Verhaltensfehler dürfen nicht beibehalten werden; man ersetzt sie konsequent durch gesunde Ernährungs- und Lebensgewohnheiten, damit die Kurwirkung nicht bald wieder zunichte gemacht wird.

Im Herbst kann die obige Kur sinngemäß wiederholt werden. Das empfiehlt sich, um den Organismus rechtzeitig im September auf die kältere Jahreszeit mit ihren erhöhten Gesundheitsrisiken vorzubereiten, insbesondere durch allgemeine Umstimmung die Abwehrkräfte zu steigern.

Ablauf längerer Diätkuren

Die bisher vorgestellten Kurzkuren genügen im allgemeinen, um die Gift- und Schlackenbelastung des Körpers bald deutlich zu verringern. Unter Umständen wird aber eine längere Kur erforderlich, hauptsächlich dann, wenn die Schlacken und Giftstoffe bereits zu Krankheiten führten.

Eine solche lange Kur muß stets vom Therapeuten verordnet und überwacht werden. Nur er kann auch beurteilen, ob die ambulante Durchführung möglich ist oder eine Kur in der Klinik oder im Sanatorium angezeigt erscheint. Letzteres ist bei längeren Kuren meist vorzuziehen, denn bei ständiger fachlicher Betreuung hält man die Kur erfahrungsgemäß besser durch und kann überdies leichter vom Streß des Alltags abschalten.

Die längere Kur ähnelt prinzipiell den hier schon beschriebenen Kurzkuren. Bei Bedarf konnten je nach individuellem Gesundheitszustand weitere Kurmaßnahmen dazu. Darauf muß hier nicht mehr welter eingegangen werden.

Wenn eine längere Entschlackungs- und Entgiftungskur nicht ununterbrochen möglich ist, kann man auch

mehrere Kurzkuren nacheinander absolvieren. Sie wirken ähnlich gut wie die lange Kur, aber es dauert eben etwas länger.
Der genaue Ablauf der aus mehreren Kurzkuren bestehenden Therapie wird fachlich verordnet und überwacht. Die folgenden 3 Kurpläne veranschaulichen beispielhaft, wie solche Kuren organisiert werden können.

Kurplan 1

Diese einfache Kur kann meist problemlos längere Zeit durchgeführt werden, bis die optimale Wirkung erreicht ist.

1./2. WOCHE
- Einleitend 1 Vorkurtag, 2 strenge Fastentage und 1 Tag Fastenbrechen.
- 10 Tage streng vegetarische, rohkostreiche Vollwertkost sowie täglich 3 Eßlöffel Brennessel-, Löwenzahn- oder Selleriesaft in der 6fachen Menge Wasser.

AB 3. WOCHE
Kurplan der 1./2. Woche wiederholen, und zwar so lange, bis alle Symptome der Schlacken- und Giftbelastung verschwunden sind. Nach jeweils 4 Kurwochen muß für 14 Tage auf die harntreibenden Säfte verzichtet werden, um übermäßige Flüssigkeits- und Vitalstoffverluste zu verhindern.

Kurplan 2

Auch dieses Kurschema eignet sich gut zur längeren Therapie. Es wird vor allem dann empfohlen, wenn auch Mangel an Vitalstoffen besteht.

1./2. WOCHE
- Einleitend 1 Vorkurtag und 3 strenge Fastentage.
- Ohne Unterbrechung durch Fastenbrechen fortsetzen mit 5 Rohkost- oder Safttagen.
- 2 Tage Fastenbrechen.
- 3 Tage streng vegetarische Kost mit hohem Rohkostanteil.

3. WOCHE
- Kurpause mit vegetarischer Vollwertkost.

4./5. WOCHE
- Wiederholung der Kur der 1./2. Woche.

6./7. WOCHE
- Kurpause wie in der 3. Woche.

8./9. WOCHE
- Wiederholung der Kur der 1./2. Woche.

Wenn die Kur danach noch fortgesetzt werden soll, wird sie jeweils wie in den ersten beiden Wochen durchgeführt. Die Kurpause soll zunächst auf jeweils 2 Wochen, später auf 3 Wochen ausgedehnt werden. Die Kur endet, wenn alle Beschwerden verschwunden sind.

Kurplan 3

Bei diesem Kurschema beginnt man mit Obst- und Gemüsesäften als »flüssige« Rohkost, die feste Rohkost wird erst später verwendet. Das erleichtert bei vielen Menschen die Gewöhnung an die Rohkost und bereitet auch gut auf die dauerhafte Umstellung auf gesunde Vollwertkost vor.

1. WOCHE
- Einleitend 1 Vorkurtag, dann 4 Safttage.
- 2 Tage Fastenbrechen.

2. WOCHE
- Kurpause mit vegetarischer Vollwertkost.

3./4. WOCHE
- 1 Vorkurtag, 4 Safttage, 2 Tage Fastenbrechen.
- 7 Tage Kurpause mit vegetarischer Vollwertkost.

5. WOCHE
- 1 Vorkurtag, 4 Rohkosttage.
- 2 Tage Fastenbrechen.

6. WOCHE
- Kurpause mit vegetarischer Vollwertkost.

7. WOCHE
- 1 Vorkurtag, 4 Rohkosttage.
- 2 Tage Fastenbrechen.

8. WOCHE
- Kurpause mit vegetarischer Vollwertkost.

Wenn die Kur länger als 8 Wochen dauern soll, beginnt man in der 9. Woche wieder mit dem Kurplan der 1. Woche und so fort in der oben beschriebenen Weise. Im weiteren Verlauf wird die Kurpause auf 2 Wochen, bei sehr langen Kuren später auf 3 Wochen verlängert, bis alle Beschwerden verschwunden sind.

Es gibt noch weitere Kurpläne für die längeren Intervallkuren, die dem individuellen Zustand angepaßt werden können. Die obigen Beispiele mögen genügen, um das Prinzip der Intervallkuren zu verdeutlichen. Je nach Einzelfall bestimmt ohnehin immer der Therapeut, welcher Kurplan am besten geeignet ist.

Entgiftung durch Vitalstoffe

Rohkost-, Saftkuren und Vollwertkost führen dem Organismus normalerweise alle notwendigen Vitalstoffe zu. Bei stärkerer Belastung durch Giftstoffe kann es aber angezeigt sein, einige Vitalstoffe zusätzlich in höherer Dosis zur Therapie anzuwenden. Vor allem die beiden Spurenelemente Schwefel und Selen eignen sich sehr gut, um den Körper gründlich zu entgiften.

Schwefel und Selen gegen Giftstoffe

Das Spurenelement Schwefel nutzt man in der Medizin schon lang bei verschiedenen Heilanzeigen. Auch in der Homöopathie wird es unter der Bezeichnung Sulfur in unterschiedlichen Potenzen gebraucht. Der Wirkstoff erfüllt mehrere Aufgaben im lebenden Organismus, auf die hier nicht weiter eingegangen werden muß. Für die Entgiftungskur ist Schwefel deshalb wichtig, weil er als Bestandteil von Enzymen beim Abbau und der Ausscheidung

von Giftstoffen mitwirkt. Vor allem dann, wenn die Giftbelastung zu Hautsymptomen und / oder rheumatischen Beschwerden führt, eignet sich Schwefel gut zur ergänzenden Entgiftungstherapie.
Arzneimittel mit Schwefel gibt es rezeptfrei in der Apotheke. Die homöopathischen Sulfur-Zubereitungen sollen vom Therapeuten verordnet werden, denn dabei kommt es auf die Auswahl der richtigen Potenz an. Die nicht-homöopathischen Medikamente können genau nach Gebrauchsanweisung auch zur selbständigen Kur verwendet werden. Die Schwefelinjektionen bei Rheuma bleiben jedoch dem Therapeuten vorbehalten.
Schwefel wird auch in verschiedenen chemischen Verbindungen gebraucht, die ähnlich wie der reine Schwefel wirken. Zu erwähnen ist vor allem noch die Schwefel-Iod-Verbindung Sulfur iodatum, denn sie kann auch bei Störungen der Lymphfunktionen eingesetzt werden. Patienten mit Schilddrüsenbeschwerden dürfen Sulfur iodatum aber nur nach Verordnung einnehmen, sonst könnten unerwünschte Begleiterscheinungen auftreten.
Das Spurenelement Selen galt lange nur als Gift, aber inzwischen steht fest, daß es zu den lebenswichtigen Vitalstoffen gehört. In der üblichen Ernährung ist es nicht immer ausreichend enthalten. Zwar können Pflanzen prinzipiell den Bedarf schon decken, aber das hängt auch vom Selengehalt der Anbauflächen ab; wenn diese arm an Selen sind, enthalten auch die darauf angebauten Pflanzen zu wenig Selen. Eindeutige Selen-Mangelkrankheiten sind beim Menschen noch nicht sicher bekannt, wahrscheinlich werden dadurch vor allem die Entgiftungs- und Abwehrfunktionen beeinträchtigt.
Nach heutigem Kenntnisstand der Selenforschung, der allerdings noch unvollständig ist, erfüllt Selen bei der Entgiftung hauptsächlich die folgenden Aufgaben:

- Antioxidative Wirkung ähnlich wie Vitamin E, die verhindert, daß wichtige Stoffe (etwa Fettsäuren) im Körper zerstört werden, und außerdem die Entgiftung schädlicher chemischer Verbindungen fördert.
- Abbau zellschädigender Gifte (Peroxide), die durch Verbindung von Sauerstoff mit Metallen oder schädlichen freien Radikalen (sehr reaktionsfähige Atome und Atomgruppen) im Körper entstehen.
- Vorbeugung der Bildung krebserzeugender chemischer Verbindungen im Organismus.
- Entgiftung von Quecksilber, das aus der Umwelt in den Körper gelangt oder aus Amalgamplomben im Organismus verteilt wird; wahrscheinlich vermindert Selen auch die schädliche Wirkung anderer metallischer Umweltgifte, vor allem Blei und Cadmium, durch deren gesteigerte Entgiftung.
- Anregung des Leberstoffwechsels, hauptsächlich auch der Entgiftungsfunktionen der Leber.
- Allgemeine Aktivierung der kör-

pereigenen Abwehrkräfte gegen verschiedene Krankheitsursachen, unter anderem gegen chronische Krankheitsherde.

Darüber hinaus trägt Selen noch mit zur Vorbeugung und Therapie von Bluthochdruck, Herzinfarkt, Allergien, Rheuma und Krebs bei. Alle diese Erkrankungen können ebenfalls mit durch Gift- und Schlackenbelastung des Körpers verursacht werden. Arzneimittel mit Selen gibt es zum Teil rezeptfrei, teils stehen sie unter Rezeptpflicht. Die therapeutische Breite, also die Spanne zwischen der wirksamen und schädlichen Dosis, ist bei Selen gering, deshalb muß bei selbständiger Einnahme besonders strikt die Gebrauchsanweisung beachtet werden. Noch besser eignen sich oft homöopathische Selen-Zubereitungen, die nicht zur Vergiftung führen können; die Auswahl der individuell richtigen Potenz bleibt aber dem Therapeuten überlassen.

Die Ergänzung der Entschlackungs- und Entgiftungskur durch Selen ist besonders dann angezeigt, wenn der Verdacht auf Anreicherung giftiger metallischer Umweltschadstoffe im Körper besteht. Außerdem empfiehlt sich die Zusatztherapie mit Selen bei Allergien und Rheuma, die mit durch Schlacken und Giftstoffe verursacht werden können. Die gleichzeitige Einnahme von Vitamin E kann die Selenwirkung deutlich verbessern.

Andere Vitalstoffe

Bei den zivilisationsbedingten Ursachen der Verschlackung und Giftbelastung wurde weiter vorne bereits darauf hingewiesen, daß die Vitamine A, C und E von besonderer Bedeutung für die Entgiftung und Entschlackung sind. In der gesunden Vollwertkost sind diese 3 Vitamine normalerweise ausreichend enthalten, um den normalen Tagesbedarf zu decken. Im Rahmen einer Kur können sie aber vorübergehend in höherer Dosis als Arzneimittel verabreicht werden, um die entschlackende und entgiftende Wirkung zu verstärken.

Vitamin-A-Arzneimittel müssen genau nach Gebrauchsanweisung dosiert werden. Da das fettlösliche Vitamin im Körper gespeichert werden kann, droht nämlich bei längerem Gebrauch in höherer Dosis eine Vitamin-A-Vergiftung. Am besten verwendet man diesen Vitalstoff nur nach Verordnung als Arzneimittel. Eine ausreichend hohe Vitamin-A-Versorgung zur Unterstützung der Entschlackung und Entgiftung erreicht man auch auf natürliche Weise, indem man täglich 2–3 mittelgroße Karotten verzehrt. Ihr Vitamin-A-Gehalt entspricht ungefähr dem doppelten bis dreifachen normalen Tagesbedarf. Die Karotten müssen aber mit etwas Pflanzenöl verzehrt werden, denn das fettlösliche Vitamin A wird nur mit Hilfe von Fett aufgenommen und verwertet.

Eine ausreichend hohe Versorgung mit Vitamin C während der Entgiftungs- und Entschlackungskur erzielt man vor allem durch reichlich Rohkost und Säfte. Das genügt aber nicht immer, um die Kur optimal zu ergänzen. Dann kann der Vitalstoff vorübergehend hochdosiert (bis 1000 mg täglich) als Arzneimittel verabreicht werden. Dazu empfehlen sich vor allem natürliche Vitamin-C-Zubereitungen (zum Beispiel aus Acerola) aus dem Reformhaus.
Wenn Vitamin C einige Zeit höher dosiert verabreicht wird, gewöhnt sich der Körper an diese Zufuhr. Deshalb darf man nicht plötzlich wieder auf die hohe Dosis verzichten, das führt rasch zum akuten schweren Mangelzustand. Vielmehr muß die erhöhte therapeutische Dosis allmählich reduziert werden, bis wieder die Vitamin-C-Zufuhr mit der Vollwertkost ausreicht.
Das wichtigste Vitamin zur Kurergänzung ist meist Vitamin E. Es wirkt vor allem auf folgende Weise gegen die Schlacken- und Giftbelastung des Körpers:

- Antioxidative Wirkung, die verschiedene nützliche Stoffe (wie Fette, Hormone, andere Vitamine) im Körper vor der Zerstörung durch Oxidation schützt.
- Schutz vor den Giftwirkungen verschiedener Umweltschadstoffe, unter anderem auch giftiger Schwermetalle wie Blei, Cadmium und Quecksilber; die Entgiftung und Ausscheidung dieser Gifte wird durch Vitamin E wirksam unterstützt.
- Anregung der Leberfunktionen, vor allem ihrer Entgiftungsarbeit.
- Aktivierung der körpereigenen Abwehr- und Selbstheilungsregulationen, die unter anderem die Schäden durch Verschlackung und Giftbelastung heilen können.

Die Wirkungen von Vitamin E ähneln also in vieler Hinsicht denen des Spurenelements Selen, mit dem das Vitamin zum Teil eng zusammenarbeitet. Wenn diese beiden Vitalstoffe gleichzeitig als Arzneimittel verabreicht werden, erzielt man eine optimale Ergänzung der Entschlackungs- und Entgiftungskur. Es kann aber auch schon genügen, nur Selen oder Vitamin E zu verwenden.
Am besten wirkt übrigens das natürliche Vitamin E, das deshalb bevorzugt zur Kur gebraucht werden soll. Es ist in vielen Fertigarzneimitteln enthalten, die im Reformhaus angeboten werden.

Anregung der Entgiftung und Ausscheidung

Die weiter vorne ausführlich vorgestellten Diätkuren bilden die Grundlage der Entgiftung und Entschlackung. Mehrfach wurde dabei auf die reichliche Zufuhr von Flüssigkeit und harntreibenden Heilpflanzen hingewiesen. Wegen der Bedeutung dieser beiden Maßnahmen, die auch nach einer Kur teilweise beibehalten werden sollen,

um der baldigen erneuten Schlacken- und Giftbelastung vorzubeugen, wollen wir darauf noch genauer eingehen.
Darüber hinaus kann eine Kur noch andere Therapien zur Entgiftung und vermehrten Ausscheidung enthalten, wenn der individuelle Gesundheitszustand das erfordert. Häufig ist eine Sanierung der Darmflora erforderlich, die teilweise durch Darmbäder ergänzt wird. Verblüffend gut können Mundspülungen mit Öl gegen die Schlacken und Gifte wirken. Oftmals müssen überdies die Leber-Gallenblasen-Funktionen und das Lymphsystem angeregt werden. Schließlich kommen auch noch Sauna und Schwitzkuren zur Ausleitung über die Haut als ergänzende Maßnahmen in Frage.
Ein Teil dieser Therapien eignet sich auch zur Selbsthilfe. Andere müssen zumindest mit dem Therapeuten besprochen oder individuell von ihm verordnet werden. Die gründlich entschlackenden Darmbäder sind immer nur in der entsprechend ausgestatteten Praxis, Klinik oder Kuranstalt möglich, selbständig kann man sie nicht durchführen.

Ausschwemmung durch reichlich Flüssigkeit

Die Lösung von Schlacken- und Giftablagerungen in den Geweben erfordert reichliche Flüssigkeitszufuhr. Nur dann können die Gewebe regelrecht »durchgespült« und die gelösten Schadstoffe den Nieren zur Ausscheidung zugeführt werden. Die Funktionen der Nieren werden durch ausreichend Flüssigkeit ebenfalls angeregt, die Ausscheidung der Schlacken und Giftstoffe also beschleunigt.
Die Versorgung mit Flüssigkeit erfolgt am besten überwiegend durch Mineralwasser, denn das Trinkwasser aus dem öffentlichen Leitungsnetz ist heute vielerorts nicht mehr von bester Qualität. Zwar gibt es Grenzwerte für seinen Schadstoffgehalt, aber sie liegen zum Teil wahrscheinlich höher, als der Gesundheit zuträglich ist, und können in manchen Gegenden von den Wasserwerken nur noch mühsam unter hohem Aufwand eingehalten werden. Wer über gutes, schadstoffarmes Trinkwasser verfügt, kann es natürlich anstelle von Mineralwasser verwenden (das örtliche Wasserwerk gibt über die Qualität des Trinkwassers Auskunft), aber häufig sollte man Mineralwasser als tägliches Getränk vorziehen. Im Vergleich zum normalen Trinkwasser bietet es auch noch den Vorteil, daß einige seiner in höherer Menge darin enthaltenen Mineralstoffe und Spurenelemente die Entgiftung und Ausscheidung zusätzlich fördern.
Allerdings ist heute auch nicht mehr jedes Mineralwasser von bester Qualität. Man muß sorgfältig auf die Analysewerte achten, die auf dem Flaschenetikett angegeben werden. Im allgemeinen enthalten Mineralwässer als Hauptbestandteile Kalium, Kalzium und Magnesium in unterschiedlichen Mengen; hinzu kommen je nach Herkunft des Was-

sers noch verschiedene andere Mineralstoffe und Spurenelemente. Besondere Beachtung verlangen 2 Analysewerte auf dem Flaschenetikett: Natriumchlorid-(NaCl-)gehalt und Nitratanteil. Zwar gehört NaCl (=Kochsalz) ebenfalls zu den lebenswichtigen Mineralstoffen, aber der Tagesbedarf daran wird bereits durch den natürlichen Salzgehalt der Lebensmittel und sehr mäßiges Salzen der Speisen gedeckt. Bei zu reichlicher Kochsalzzufuhr wird viel Wasser im Körper zurückgehalten und damit auch die Ausscheidung von Schlacken und Giftstoffen behindert. Deshalb eignen sich zur Kur und selbstverständlich auch danach zum Dauergebrauch nur kochsalzarme Mineralwässer.

Noch problematischer als NaCl sind die Nitrate zu bewerten, die heute leider auch in Mineralwässern zum Teil zu reichlich enthalten sind. Im Körper können daraus die krebserregenden Nitrosamine entstehen. Es muß strikt darauf geachtet werden, daß die Analyse auf dem Flaschenetikett einen sehr geringen Nitratgehalt angibt, möglichst unter 1 mg pro 1 l Mineralwasser, damit die Gesundheit nicht unnötig gefährdet wird. Man sollte also die verschiedenen Mineralwasser kritisch miteinander vergleichen, um das mit dem geringsten Nitratanteil zu verwenden. Zum Teil enthalten die Mineralwässer auch noch verschiedene andere Umweltschadstoffe, die auf dem Etikett nicht angegeben werden müssen. Dazu gibt es aber Untersuchungen, die von den Verbraucherschutzverbänden durchgeführt wurden. Die Information bei der örtlichen Verbraucherberatung bewahrt vor dem Kauf eines übermäßig stark belasteten Mineralwassers.

Die Frage, ob das Mineralwasser wenig oder mehr Kohlensäure enthalten darf, muß individuell geklärt werden. Wenn die Kohlensäure zu Magen-Darm-Beschwerden führt, verwendet man nur die »stillen« Mineralwässer.

In letzter Zeit wird von mancher Seite vorgetragen, die Mineralstoffe und Spurenelemente in Trink- und Mineralwasser seien gesundheitsschädlich, könnten gar zu vorzeitigem Altern und rascher Arterienverkalkung führen. Für solche »Warnungen« fehlt jeglicher ernstzunehmende Beweis. Sie beruhen auf den Theorien einiger amerikanischer Wissenschaftler, die zum Teil sogar empfehlen, die Mineralstoffe und Spurenelemente aus dem Wasser zu destillieren, um sie anschließend durch entsprechende Zusätze wieder beizufügen.

Es spricht auch gegen den Sachverstand dieser krassen Außenseiter, daß sie den Begriff »organische« Mineralstoffe und Spurenelemente einführten. Das ist widersinnig, denn Mineralstoffe und Spurenelemente sind von Natur aus immer anorganisch. Der Körper ist darauf eingerichtet, auch anorganische Stoffe zu verwerten. Solche unsachlichen Argumente gegen Trink- und Mineralwasser sprechen also in keiner Weise dagegen, gutes Wasser regelmäßig zur Gift- und Schlackenausschwemmung zu verwenden.

Bei manchen Erkrankungen des

Herz-Gefäß-Systems und der Nieren ist es allerdings aus medizinischen Gründen notwendig, die tägliche Flüssigkeitszufuhr (gleichgültig in welcher Form) zu vermindern. Wer an Krankheiten dieser Organe leidet, muß den Therapeuten befragen, wieviel täglich getrunken werden darf.

Harntreibende Heilpflanzen

Einige Heilpflanzen regen die Harnausscheidung an und fördern auf diese Weise die Ausschwemmung von Schlacken und Giftstoffen über die Nieren. Weiter vorne bei den Diätkuren wurden mehrere bereits empfohlen, die sich besonders gut zur Kur eignen, es gibt aber noch weitere.
Die Anwendung harntreibender pflanzlicher Arzneimittel oder Säfte setzt stets voraus, daß die Organe des Ausscheidungssystems voll funktionsfähig und gesund sind, sonst könnten sie überfordert und geschädigt werden. Im Zweifel muß vor Gebrauch der Therapeut befragt werden.
Dauernd dürfen harntreibende Mittel grundsätzlich nicht verwendet werden. Sie könnten dem Organismus zu viel Flüssigkeit und Vitalstoffe entziehen und die Nieren schädigen. Der Gebrauch zur Kur in der weiter vorne beschriebenen Weise ist für gesunde Menschen unbedenklich. Es spricht auch nicbts dagegen, unabhängig von einer Diätkur zwischendurch einmal für 2–3 Wochen harntreibende Mittel zur Gift- und Schlackenausscheidung anzuwenden, aber das darf nicht zu häufig geschehen.
Zur Selbsthilfe gibt es im Reformhaus harntreibende Kräutertees und -säfte. Die Zubereitung und Dosierung erfolgt nach Herstellerangaben. Vom Tee gibt man durchschnittlich 3 Tassen täglich, die Säfte werden in der Regel mit 3 Eßlöffeln am Tag verabreicht, und zwar mit der 6fachen Menge Wasser verdünnt. Die nachstehend kurz beschriebenen Heilpflanzen eignen sich zur Eigenbehandlung meist besonders gut. Sie können einzeln oder in fertiger Mischung gebraucht werden.

Birke

Zur Entschlackung werden hauptsächlich die Birkenblätter gebraucht, aus denen nach Anweisung der Tee zubereitet wird. Mit einer Tagesdosis von 2 Tassen Tee regt man die Ausscheidung bereits gut an, bei Bedarf können bis zu 3 Tassen Tee täglich eingenommen werden.
Geeignet ist auch der Birkensaft, den der Fachmann durch Einritzen des Birkenstamms gewinnt. Er wird nach Anweisung mit Wasser verdünnt eingenommen und wirkt ebenfalls gut harntreibend.

Brennessel

Die Blätter dieses »Unkrauts« zeichnen sich durch besonders gute

harntreibende, entschlackende Wirkung aus, deshalb werden sie häufig zur Kur verwendet. Den Tee aus Brennesselblättern stellt man nach Gebrauchsanweisung her und nimmt täglich 3 Tassen ein, das genügt zur guten Entschlackung. Insbesondere bei rheumatischen Krankheiten, die mit durch Schlackenansammlung verursacht werden, hilft Brennesseltee meist sehr gut.
Man kann auch den fertigen Brennnesselsaft verwenden. Er wird mit Wasser verdünnt verabreicht, im Durchschnitt mit einer Tagesdosis von 3 Eßlöffeln. Ferner gibt es im Reformhaus Elixiere aus Brennesselsamen. Bei ihnen steht nicht die harntreibende Wirkung im Vordergrund, sie regen mild an und kräftigen allgemein. Deshalb können sie zusätzlich zum Brennesseltee oder -saft verwendet werden, um die Kurwirkungen abzurunden.

Gänseblümchen

Diese bekannte Heilpflanze wirkt nicht nur entschlackend über die Nieren, sondern regt gleichzeitig die Leberfunktionen an, also auch die Entgiftung über die Leber. Deshalb eignet sie sich sehr gut zur Kur.
Der Tee wird nach Gebrauchsanweisung aus den Blüten hergestellt und mit einer Tagesdosis von 2–3 Tassen verabreicht. Saft aus dem Fachgeschäft gibt man nach Anweisung mit Wasser verdünnt.

Hagebutte

Die roten Früchte der Heckenrose wirken milder harntreibend als die anderen Heilpflanzen. Zur Kur gegen vorhandene Schlacken und Gifte genügen sie deshalb oft nicht allein, aber sie können danach ständig zur Vorbeugung erneuter Verschlackung verwendet werden. Übermäßige Flüssigkeits- und Vitalstoffverluste sind davon nicht zu befürchten. Gut bewährt sich der dauernde Gebrauch auch zur Vorbeugung von Nierensteinen, insbesondere dann, wenn man daran bereits einmal litt.
Hervorzuheben ist ferner noch der hohe Vitamin-C-Gehalt in den Hagebutten. Er ist nützlich für die Entschlackung, Entgiftung und Abwehrsteigerung.
Die Zubereitung der Hagebutten erfolgt mit 1 Teelöffel Droge auf 1 Tasse kaltes Wasser. Das Wasser läßt man kurz aufkochen, dann soll der Tee zugedeckt noch 1 Stunde ziehen. Die Tagesdosis beträgt während der Kur durchschnittlich 3–5 Tassen, zur Vorbeugung danach genügen 2–3 Tassen.

Löwenzahn

Die stark entgiftende und harntreibende Wirkung dieser Heilpflanze entspricht ungefähr der von Brennnesseln. Zur »Blutreinigung« wird oft empfohlen, abwechselnd Brennesseln und Löwenzahn einzunehmen, das soll die Wirkung verstärken.
Zum Tee gebraucht man die Blätter,

die nach Anweisung zubereitet werden. Die Tagesdosis beträgt 3–4 Tassen, bei stärkerer Schlacken- und Giftbelastung sind für einige Tage bis zu 5 Tassen angebracht. Den Saft aus dem Reformhaus nimmt man nach Gebrauchsanweisung mit Wasser verdünnt ein, im Durchschnitt 3 Eßlöffel täglich.

Stiefmütterchen

Das im Garten kultivierte Ziergewächs eignet sich nicht zu Heilzwecken, gut wirksam ist nur die wild wachsende Pflanze. Insbesondere bei unreiner, zu Entzündungen neigender Haut als Symptom der Verschlackung und Giftbelastung empfiehlt sich diese Heilpflanze.
Gebräuchlich ist der Tee, der aus blühendem Kraut nach Anweisung hergestellt wird. Als Tagesdosis genügen 2–3 Tassen über längere Zeit. Bei Hautsymptomen kann der Tee zusätzlich bis zu 6mal täglich zu Waschungen der erkrankten Hautpartien gebraucht werden, das unterstützt die Wirkung von außen.

Teufelskralle

Diese Heilpflanze stammt aus der südwestafrikanischen Kalahari-Steppe. Ihre sehr gut entschlackende und entgiftende Wirkung wurde in vielen wissenschaftlichen Untersuchungen nachgewiesen. Außerdem regt sie auch noch die Leberfunktionen an, unter anderem die Entgiftungsarbeit der Leber.
Der Tee ist im Reformhaus erhältlich und wird nach Gebrauchsanweisung hergestellt. Viele Menschen bezeichnen seinen Geschmack als unangenehm, trotzdem darf er nicht gesüßt werden. Wer sich nicht zur Kur mit Tee überwinden kann, sollte die Kapseln mit Teufelskralle einnehmen, die geschmacksneutral sind.
Die Kur dauert mindestens 3, besser 6–9 Wochen. Die praktische Erfahrung lehrt, daß die Wirkung der Teufelskralle verbessert wird, wenn man gleichzeitig hochdosiert (etwa 500 mg täglich) natürliches Vitamin C einnimmt. Hauptsächlich bei rheumatischen Krankheiten durch Verschlackung ist die afrikanische Heilpflanze angezeigt.

Wacholder

Der bekannte »Wasserpfarrer« Kneipp verordnete Wacholderbeeren besonders oft zur Entschlackung und Entgiftung, weil sie ausgezeichnet wirksam sind. Insbesondere dann, wenn die Ablagerungen zu Rheumatismus beitrugen, kommt die Wacholderbeerkur in Betracht. Es gibt auch Hinweise darauf, daß die Beeren bei chronischer Gelenkabnutzung (Arthrose) den Gelenkstoffwechsel wieder verbessern, so daß die Regeneration der Gelenke bis zu einem gewissen Grad möglich ist.
Da Wacholder aber die Nieren reizt, darf er bei Nieren-Blasen-Leiden nie gebraucht werden. Für Gesunde gilt, daß die Kur nie länger als 4–6

Wochen dauern und nicht häufiger als 2–3mal im Jahr wiederholt werden darf, sonst kann es zu Nierenreizungen kommen.
Nach Pfarrer Kneipp wird die ein- und ausschleichende Einnahme der Wacholderbeeren nach folgendem Schema empfohlen:
- 1. Tag 4 Beeren,
- 2. Tag 5 Beeren und so fort jeden Tag 1 Beere mehr, bis man am 12. Kurtag bei 15 Beeren angelangt;
- ab dem 13. Tag jeden Tag 1 Beere weniger, bis man am 23. Kurtag wieder bei 4 Beeren ankommt.

Man kann aber auch einfach 4 Wochen lang jeden Tag 7–8 Beeren einnehmen. Sie sollen immer gründlich gekaut werden.
Ebenfalls zu empfehlen ist der Wacholderbeertee. Zubereitet wird er mit 1 Teelöffel Beeren pro Tasse kochendes Wasser; der Aufguß soll noch 10 Minuten zugedeckt ziehen, ehe man abseiht. Die Tagesdosis beträgt 3 Tassen.
Im Reformhaus erhält man Wacholdersaft und -kapseln, die genau nach Gebrauchsanweisung zur Kur verabreicht werden. Ihr Vorteil besteht in der exakten Dosierung, die man durch Tee wegen der natürlichen Schwankungen des Wirkstoffgehalts so gut nicht erreicht.
Es gibt noch einige andere Heilpflanzen, die entschlackend und harntreibend wirken. Da sie weniger gebräuchlich sind, sollen sie hier nicht mehr aufgeführt werden. Bei Bedarf werden sie vom Therapeuten individuell verordnet. Chemische Medikamente zur Entwässerung eignen sich nie zur Selbsthilfe und sind zur Entschlackung überflüssig; sie werden allenfalls bei Krankheiten mit übermäßiger Wasseransammlung im Körper und manchen Formen des Bluthochdrucks verordnet.

Darmbäder – Sanierung der Darmflora

Die Bedeutung der gründlichen Darmreinigung zur Entschlackung und Entgiftung kann nicht oft genug hervorgehoben werden. Allein durch harntreibende Mittel erzielt man nie eine umfassende reinigende Wirkung auf den ganzen Körper, dazu ist immer auch die Darmentschlackung und -entgiftung notwendig.
Normalerweise wird der Darm durch Glaubersalz oder Einläufe, die man während der weiter vorne beschriebenen Diätkuren jeden 2. Tag anwendet, gut genug gereinigt. Vor allem bei Menschen, die an chronischer Darmträgheit leiden, können sich im Lauf der Zeit aber so reichlich Schlacken und Giftstoffe im Darm ansammeln, daß die einfacheren Anwendungen nicht zufriedenstellend helfen. In solchen Fällen wird der Therapeut oft das besonders gründlich reinigende Darmbad verordnen, das man heute auch als Hydro-Colon-Therapie bezeichnet.
Zur Selbsthilfe eignen sich Darmbäder nicht, denn man benötigt dazu eine spezielle Apparatur. Zum Teil können Darmbäder ambulant in der entsprechend ausgerüsteten Praxis,

teils nur in der Klinik oder Kuranstalt durchgeführt werden. Nach der Art der Anwendung unterscheidet man die folgenden beiden Grundtechniken des Darmbads:

- Trockendarmbad, wobei der Patient in geeigneter Stellung auf dem Untersuchungsstuhl liegt. Die Einlaufröhre der Apparatur wird in den Darm eingeführt, damit wie beim Einlauf Wasser zur Darmspülung eingeleitet werden kann; zum Darmbad verwendet man in der Regel mehr Flüssigkeit als zum einfachen Einlauf. Der After wird dicht von der Ablaufröhre umschlossen. Durch Pressen mit der Bauchmuskulatur (wie beim Stuhlgang) wird nun die Spülflüssigkeit mit den gelösten Kotresten durch die Ablaufröhre ausgepreßt; die Einlaufröhre verschließt sich dabei automatisch durch ein Ventil. Dieser Vorgang von Einlauf und Auspressen wird bei jeder Anwendung mehrmals wiederholt.
- Subaquales Darmbad führt man sinngemäß wie das Trockendarmbad durch; der Patient liegt dabei aber in einem warmen Wannenbad, dessen entspannende Wirkung Darmverkrampfungen löst, die zur Behinderung der Darmentleerung führen können.

Welche der beiden Grundtechniken oder Varianten angezeigt sind, entscheidet je nach Einzelfall der Therapeut. Das Darmbad wird in Abständen von einigen Tagen mehrmals wiederholt, bis der Darm weitgehend frei von Schlackenansammlungen ist. Zu häufig darf es aber nicht angewendet werden, sonst drohen Schäden an der Darmschleimhaut und Darmflora.
Abgesehen von der gründlichen Darmreinigung erzielt man durch Darmbäder noch indirekt reflektorisch eine Anregung der Nierenfunktionen. Dadurch wird die Schlacken- und Giftausscheidung ebenfalls vermehrt.
Die chronische Schlacken- und Giftbelastung des Darms schädigt im Lauf der Zeit meist die nützlichen Darmkeime. Zur ergänzenden Therapie während der Entschlackungs- und Entgiftungskur empfiehlt sich deshalb meist auch die Sanierung der Darmflora durch bakterielle Symbioselenkung. Insbesondere dann, wenn chronische Verdauungsstörungen mit Blähungen, Durchfall oder Verstopfung (teils abwechselnd) auf eine Dysbiose im Darm hinweisen, soll unbedingt die Darmflora wieder »aufgeforstet« werden. Störungen der Darmkeimbesiedlung stören nämlich nicht allein die Verdauungsfunktionen und die Verwertung der Nahrung, sondern schwächen allgemein das Immunsystem und begünstigen verschiedene Krankheiten, wahrscheinlich auch Krebs.
In einfachen Fällen mit mäßigen Beschwerden genügt zur Therapie meist die regelmäßige Einnahme von Milchzucker, ergänzt durch gesäuerte Milchprodukte mit vorwiegend rechtsdrehender Milchsäure und milchsaure Gemüse. Dadurch entsteht im Darm ein Milieu, das die nützlichen Darmkeime begünstigt, schädliche Erreger aber

hemmt oder abtötet. Solche Lebensmittel sollen auch nach der Kur regelmäßig verzehrt werden, um die Darmflora ständig zu pflegen; außerdem wirken sie auch auf natürliche Weise mild abführend, beugen somit der erneuten Darmträgheit mit Schlacken und Giftansammlung gut vor.
Wenn die Darmflora auf diese einfachen Maßnahmen nicht genügend anspricht oder der Therapeut bereits eine stärkere Dysbiose diagnostiziert hat, muß die bakterielle Symbiose-lenkung durch Arzneimittel erfolgen. Gebräuchlich sind Medikamente auf Milchsäurebasis mit Stoffwechselprodukten nützlicher Darmkeime, die dafür sorgen, daß sich die Darmflora aus eigener Kraft regeneriert. Man kann aber auch Arzneimittel verwenden, in denen die lebenden Darmbakterien enthalten sind; dadurch wird die Darmflora direkt und rasch wieder verbessert. Solche Arzneimittel sollen aber nur nach fachlicher Verordnung eingenommen werden, denn es sind dabei einige Gegenanzeigen und Nebenwirkungen zu beachten, die nur der Therapeut beurteilen kann.

Mundspülungen mit Öl

Auch in der Schulmedizin ist es seit langem gebräuchlich, verschiedene Arzneimittel, die rasch wirken sollen, so zu verabreichen, daß die Wirkstoffe teilweise bereits von der Mundschleimhaut aufgenommen werden. Typisches Beispiel dafür sind die Nitrokapseln, die man bei akuten Angina-pectoris-Anfällen im Mund zerbeißt; ihre Wirkung tritt bei dieser Form der Verabreichung wesentlich schneller ein, als wenn sie geschluckt werden.
Die Aufnahme von Stoffen durch die Mundschleimhaut funktioniert natürlich auch umgekehrt. Das heißt, man kann über die Mundschleimhaut auch schädliche Stoffe aus dem Blut ausleiten, wenn dazu ein geeignetes Lösungsmittel zur Mundspülung verwendet wird. Diese einfache, aber sehr gut entgiftende Therapie wurde vor über 10 Jahren erstmals von dem russischen Arzt Dr. F. Karach bei einem Fachkongreß vorgestellt. Damals erschienen die vielfältigen Wirkungen, die er angab, noch unglaubwürdig. Inzwischen steht aber fest, daß Mundspülungen mit Öl tatsächlich das Blut entgiften und bei einer Reihe von Krankheiten (unter anderem Bronchitis) gut wirken.
In erster Linie können auf diese Weise alle fettlöslichen Giftstoffe ausgeschieden werden. Sie werden von dem Öl im Mund aufgesaugt und gebunden. Diese Tatsache ist besonders deshalb so wichtig, weil viele der Umweltschadstoffe, die den Körper belasten, fettlöslich sind. Gegen sie richtet sich die Öltherapie also ganz besonders. Allerdings kann noch nicht erklärt werden, weshalb ausgerechnet das Sonnenblumenöl am wirksamsten ist. Weitere Forschungen mögen dafür vielleicht noch eine Begründung liefern, für die Praxis ist diese Frage nicht so wichtig. Es genügt, wenn man aus praktischer Erfah-

rung sicher weiß, daß Sonnenblumemnöl am besten wirkt.
Die Durchführung der Kur ist denkbar einfach, sie kommt deshalb auch zur Selbsthilfe in Frage. Man nimmt morgens nüchtern 1 Eßlöffel Öl in den Mund und behält es 1–5 Minuten darin. Dabei muß es ständig durch die Mundhöhle und zwischen den Zähnen bewegt werden, damit die Schleimhaut dauernd Kontakt damit behält und die Giftstoffe aufnehmen kann. Dann wird das Öl ausgespuckt und der Mund mehrmals gründlich mit Wasser ausgespült, um alle Reste zu entfernen. Schlucken darf man das Öl natürlich nicht, sonst werden die Schadstoffe gleich wieder aufgenommen. Bei stärkerer Giftbelastung kann die Mundspülung mit Öl 3mal am Tag jeweils vor den Mahlzeiten durchgeführt werden. Zur Vorbeugung nach der Kur genügt die einmalige Anwendung am Morgen.

Leber-Galle-Entgiftung

Die Leber und die Absonderung von Galle spielen bei der Entgiftungskur eine entscheidende Rolle. In leichteren Fällen müssen die Leber-Galle-Funktionen nicht zusätzlich angeregt werden, da schon die Diätkur die Entgiftung über die Leber ausreichend aktiviert. Wenn aber eine stärkere Schlacken- und Giftbelastung besteht oder die Leber bereits geschädigt ist, empfiehlt sich immer die ergänzende Lebertherapie. Sie sorgt einmal dafür, daß die Leber mehr Schadstoffe entgiften kann, und verhindert außerdem eine Überlastung und Schädigung des Organs durch die vermehrte Entgiftungsarbeit.
Bei bestehenden Leberschäden wird die Therapie fachlich verordnet. Da viele Menschen heute an chronischer Leberschwäche leiden, ist es grundsätzlich angezeigt, vor der Entgiftungs- und Entschlackungskur eine Leberuntersuchung zu veranlassen, damit das Organ bei Bedarf unterstützt werden kann. Ergibt diese Untersuchung keinen krankhaften Leberbefund, darf die ergänzende Leberbehandlung auch als Selbsthilfe durchgeführt werden. Sie soll die gesamte Diätkur begleiten und danach noch mehrere Wochen fortgesetzt werden.
Die Selbstbehandlung der Leber erfolgt hauptsächlich durch leberwirksame Heilpflanzen. Zum Teil werden sie als Tee oder Saft nach Gebrauchsanweisung verabreicht, teils in Form von Medikamenten. Die fertigen Arzneimittel bieten den Vorteil der genaueren Dosierbarkeit, denn ihr Wirkstoffgehalt bleibt stets gleich, während er im Tee oder Saft natürlichen Schwankungen unterliegt. Besonders gut eignen sich zur Selbsthilfe die nachstehenden Heilpflanzen.

Artischocke

Diese Distelart, die man auch als Lebensmittel während der Diätkur verwenden kann, regt als Arzneimittel die Leberfunktionen gut an, vor allem die Entgiftung und Absonde-

rung von Schlacken mit der Galle. Darüber hinaus wirkt sie auch noch ausleitend durch vermehrte Harnausscheidung.
Im Reformhaus gibt es fertigen Artischockensaft, der in leichteren Fällen zur Therapie genügt. Arzneimittel für die Leber enthalten meist eine Kombination aus Artischocken und anderen leberwirksamen Heilpflanzen.

Bitterklee

Diese Heilpflanze gehört zu den Enziangewächsen und wird volkstümlich auch als Gallkraut bezeichnet. Wirksam sind hauptsächlich ihre Bitterstoffe, denen sie ihren Namen verdankt. Dadurch werden die Leberfunktionen verbessert und vor allem die Absonderung von Galle deutlich angeregt.
Wenn keine fertigen Arzneimittel mit Bitterklee verwendet werden, bereitet man aus den Blättern nach Gebrauchsanweisung den Tee zu; davon wird vor jeder Mahlzeit 1 Tasse eingenommen. Die alkoholischen Zubereitungen mit Bitterklee sind problematisch, weil Alkohol bekanntlich die Leber belastet. Zwar führt man mit der üblichen Dosierung relativ wenig Alkohol zu, trotzdem verzichtet man besser auf die alkoholischen Medikamente (das gilt natürlich nicht nur für Bitterklee).

Enzian

Die starke Wurzel dieser in den Alpen heimischen Heilpflanze enthält ähnlich wie Bitterklee reichlich Bitterstoffe. Sie regen die Leberfunktionen und die Absonderung von Galle an und fördern allgemein die Verdauungsfunktionen. Nicht verwenden sollte man Enzian grundsätzlich bei schweren Magenleiden, Neigung zu Kopfschmerzen und nervöser Reizbarkeit.
Zur Leber-Galle-Therapie gebraucht man Enzian in fertiger Zubereitung, meist kombiniert mit anderen leberwirksamen Heilpflanzen. Der Enzianlikör kommt wegen seines zu hohen Alkoholgehalts nicht zur Behandlung in Frage.

Mariendistel

Diese Heilpflanze wirkt von allen Kräutern am besten auf die Leber. In zahlreichen Untersuchungen stellte sie ihre Wirkung überzeugend unter Beweis, sogar bei chronischer Leberzirrhose und schweren Vergiftungen mit Leberschäden. Wenn die Leber noch intakt ist, schützt Mariendistel sie vor vielen schädlichen Einflüssen. Bei Leberleiden werden die Funktionen des Organs wieder verbessert und seine Regeneration angeregt.
Zur Therapie soll Mariendistel möglichst nur in Form fertiger Arzneimittel gebraucht werden. Deren stets gleichbleibender Gehalt an Wirkstoffen gewährleistet eine optimale Wirksamkeit. Auch zur Lang-

zeittherapie bei chronischen Leberschäden kann die Heilpflanze unbedenklich eingesetzt werden. Anfangs führt sie manchmal zu Magen-Darm-Beschwerden und weichen Stühlen, aber diese möglichen Nebenwirkungen sind unbedenklich und bessern sich meist bald wieder.

Tausendgüldenkraut

Auch diese Heilpflanze gehört zu den Enziangewächsen. Ihre bitterscharfen Hauptwirkstoffe aktivieren die Leber-Galle-Funktionen und können allgemein den Stoffwechsel anregen. Die Entgiftung und Entschlackung wird so umfassend gefördert, bestehende Verdauungsschwäche allmählich gebessert.
Fertige Arzneimittel enthalten Tausendgüldenkraut meist kombiniert mit anderen leberwirksamen Heilpflanzen. Wer den Tee bevorzugt, bereitet ihn mit 1 Teelöffel pro Tasse kochendes Wasser zu und läßt vor dem Abseihen noch 10 Minuten zugedeckt ziehen. Die Tagesdosis von 3 Tassen wird jeweils vor den Hauptmahlzeiten eingenommen.

Wermut

Diese in der Volksmedizin seit langem gebräuchliche Heilpflanze gehört auch zu den Bitterstoffdrogen, die das Leber-Gallenblasensystem anregen und die Verdauungsfunktionen allgemein verbessern. Allerdings ist Wermut nicht ganz unbedenklich, in zu hoher Dosis kann er giftig wirken. Deshalb darf er nicht länger als 2–3 Wochen ununterbrochen verabreicht werden, danach ist eine Pause von mindestens 10 Tagen erforderlich.
Schwangere müssen auf Wermut verzichten, denn unter ungünstigen Bedingungen könnte er sogar zu einer Fehlgeburt führen.
Fertige Arzneimittel mit Wermut, meist kombiniert mit anderen leberwirksamen Heilpflanzen, sind vorzuziehen, weil die genaue Dosierbarkeit eine Vergiftung verhindert. Sie müssen genau nach Gebrauchsanweisung eingenommen werden. Die alkoholischen Zubereitungen gebraucht man wegen der Belastung der Leber durch Alkohol nicht während einer Kur.
Außer den hier genannten Heilpflanzen können noch verschiedene andere Naturheilverfahren die Entschlackungs- und Entgiftungskur begleiten, um die Leber zu aktivieren und zu schützen. Dazu gehören vor allem einige Vitamine und homöopathische Wirkstoffe. Diese Leberschutztherapie bleibt stets fachlicher Verordnung vorbehalten und muß hier nicht weiter beschrieben werden.

Anregung der Lymphfunktionen

Auch der Bedeutung des Lymphsystems zur Entschlackung und Entgiftung muß eine umfassend wirkende Kur Rechnung tragen. Im allgemeinen regt man das Lymphsystem durch regelmäßige Bewegung

ausreichend an. Die dabei beanspruchten Muskeln üben eine Art Massagewirkung auf die benachbarten Lymphgefäße aus und steigern dadurch den Abfluß der Lymphe mit den darin enthaltenen Schlacken und Giftstoffen. Auch aus diesem Grund gehört das später noch beschriebene Bewegungsprogramm unbedingt zu einer Kur.
Aber die Bewegungstherapie genügt nicht immer, um den Lymphfluß ausreichend zu beschleunigen. Dann empfiehlt sich vor allem die manuelle Lymphdrainage zur ergänzenden Therapie. Auf den ersten Blick ähnelt diese Therapie der Massage, aber das trifft nur bedingt zu. Durch die massageähnlichen Manipulationen werden nicht die Muskeln behandelt, sondern die feinen Lymphgefäße. Über ihnen führt man spiralförmig kreisende Pumpbewegungen aus, die den Lymphstrom deutlich beschleunigen. Die gut entgiftende und entschlackende Wirkung erkennt man häufig an der Verfärbung des Urins, mit dem die vermehrt über das Lymphsystem abgeleiteten Schadstoffe ausgeschieden werden.
Zur Selbstbehandlung eignet sich die manuelle Lymphdrainage nicht. Sie wird in der Regel nach Verordnung des Therapeuten vom speziell ausgebildeten Masseur durchgeführt. Die Wirkungen können bereits nach den ersten Anwendungen spürbar werden, aber zur gründlichen Entschlackung und Entgiftung muß man die manuelle Lymphdrainage längere Zeit anwenden.
Außerdem können die Lymphfunktionen durch verschiedene Arzneimittel verbessert werden. Hauptsächlich eignen sich dazu homöopathische Wirkstoffe. Sie müssen individuell vom Therapeuten ausgewählt werden, damit sie so genau wie möglich zum Patienten und seinen Beschwerden passen. Nur unter dieser Voraussetzung erzielt man durch Homöopathie eine optimale Wirkung. Insbesondere bei der weiter vorne bereits beschriebenen krankhaften Störung der Lymphfunktionen (Lymphatismus) dauert die Behandlung meist längere Zeit und darf keinesfalls schon beendet werden, wenn die Entgiftungs- und Entschlackungskur das Befinden verbessert hat.

Sauna und Schwitzkuren

Die Ausscheidung von Schlacken und Giftstoffen über die Haut ist zur Kur nicht unbedingt erforderlich, aber empfehlenswert. Man erreicht dadurch eine vermehrte Ausleitung von Schadstoffen und entlastet gleichzeitig Leber und Nieren. Wenn die Gift- und Schlackenbelastung bereits zu Symptomen an der Haut (wie Unreinheiten, Entzündungen) führt, sollte die Kur aber grundsätzlich durch ausleitendes Schwitzen oder die Sauna ergänzt werden.
Sie sorgen in solchen Fällen für eine gründliche Hautreinigung, die erneuten Hautsymptomen für einige Zeit vorbeugt.
Auch nach der Entschlackungs- und Entgiftungskur soll die Hautaus-

scheidung regelmäßig angeregt werden, damit Unreinheiten und Entzündungen nicht mehr auftreten. Dazu eignet sich die Sauna am besten, sofern im Einzelfall keine Gegenanzeigen bestehen.
Da Sauna und schweißtreibende andere Anwendungen unter Umständen das Herz-Kreislauf-System zu stark belasten, müssen Herz-Kreislauf-Kranke die Anwendungen unbedingt mit dem Therapeuten besprechen. Gesunde können Sauna, Teildämpfe und -wickel in der Regel problemlos zur Selbsthilfe anwenden.
Zum Teil tritt als Reaktion auf die vermehrte Schlacken- und Giftausscheidung über die Haut eine vorübergehende Verschlimmerung der Hautsymptome auf. Diese Reaktion ist erwünscht, denn sie zeigt an, daß die Ausscheidungs- und Selbstheilungsprozesse in Gang gekommen sind. Keinesfalls darf man die Hautsymptome durch chemische Arzneimittel unterdrücken, sonst wird die Ausleitung über die Haut behindert. Die Symptome klingen bald von selbst wieder ab, sobald genügend Gifte und Schlacken ausgeleitet wurden.

Schwitzkuren

Zur einfachen Schwitzkur, die Gesunde selbständig durchführen können, eignen sich Teildämpfe und -wickel. Die Wickel können im Einzelfall etwas besser als die Dämpfe verträglich sein, das erkennt man erst in der Praxis an den individuell unterschiedlichen Reaktionen.
Grundsätzlich gilt, daß Teildämpfe bevorzugt werden sollen. Stellt sich heraus, daß sie schlecht verträglich sind, stellt man die Therapie auf Wickel um. Die nachstehenden milden Anwendungen werden zur Selbsthilfe besonders empfohlen.
Treten während der Behandlung Schwindel, Herzbeschwerden und andere unerwünschte Begleiterscheinungen auf, muß sofort abgebrochen und bis zur Besserung im Bett geruht werden. Vor der nächsten Anwendung soll eine fachliche Untersuchung klären, ob zukünftig besondere Vorsichtsmaßnahmen bei der Therapie zu beachten sind oder gar auf die Anwendungen verzichtet werden muß.

Gesichtsdampf

Diese milde Anwendung wird praktisch immer vertragen. Man führt sie hauptsächlich bei unreiner, zu Entzündungen neigender Gesichtshaut durch, um die Entschlackung und Entgiftung örtlich anzuregen.
Im allgemeinen wird der Gesichtsdampf 3–4mal wöchentlich angewendet. Empfehlenswert ist der Zusatz von Kamillen, die entzündungshemmend wirken; man kann den daraus zubereiteten Tee zufügen oder fertige Kamillenlösung nach Anweisung verwenden.
Zunächst füllt man einen ausreichend großen Topf mit Wasser, das auf dem Elektrokocher zum Sieden gebracht wird. Soll der Kamillentee als Zusatz verwendet werden, bereitet man ihn in einem anderen Topf

mit 2 Eßlöffel Kamillenblüten auf 1/4 l kochendes Wasser zu und läßt vor dem Abseihen noch 10 Minuten zugedeckt ziehen.
Wenn das Wasser im großen Topf kocht, fügt man den Kamillentee oder tropfenweise fertige Kamillenlösung zu und stellt den Topf auf eine Unterlage auf dem Tisch. Der Kopf wird so darüber gebeugt, daß der Dampf ins Gesicht strömt. Ein Helfer (notfalls kann man das auch selbst bewerkstelligen) hüllt Kopf, Schultern und Dampftopf so in eine große Wolldecke, daß kein Dampf entweichen kann. Noch besser ist es, den Dampftopf mit dem Elektrokocher auf den Tisch zu stellen und das Wasser bei niedriger Einstellung gerade am Sieden zu halten, dann läßt die Dampfentwicklung während der Anwendung nicht nach.
Verstärken kann man die Wirkung, indem man den Oberkörper entkleidet, damit der Dampf unter dem großen Tuch auch auf die Brust strömt. So wird ein größerer Körperbezirk behandelt.
Nach 10–15 Minuten beendet man den Gesichtsdampf. Das Gesicht, bei der größeren Anwendung auch die Brust, wird kurz mit kaltem Wasser abgespült, um die Haut wieder zu straffen. Anschließend kann mit einem leicht alkoholischen Gesichtswasser, das entzündungshemmende Kamille, gerbende Hamamelis und andere Kräuter enthält, nachgepflegt werden, das verstärkt die Wirkung.
Der Gesichtsdampf erweicht auch Talgstauungen in den Poren, die sich entzünden und vereitern können. Sie lassen sich meist gut mit einem Komedonenquetscher (Apotheke) ausdrücken. Das muß aber sehr vorsichtig erfolgen, denn schon kleinste Verletzungen dabei können sich entzünden und zu Eiterungen führen.

Fußdampf

Diese Dampfanwendung behandelt ein größeres Körpergebiet und wirkt deshalb stärker als der kleine Gesichtsdampf. Im allgemeinen wird sie ebenfalls gut vertragen. Man erreicht dadurch eine allgemeine Gift- und Schlackenausscheidung mit dem Schweiß, außerdem hilft der Dampf oft gut bei chronisch kalten Füßen. Er wird 3–4mal wöchentlich angewendet, während einer Kur bei Bedarf vorübergehend auch jeden Tag.
Man benötigt zum Fußdampf einen Holzstuhl, am besten mit einer bequemen Rückenlehne, aber ohne seitliche Armlehnen. Auf die Sitzfläche des Stuhls legt man eine große Wolldecke und darauf ein großes Leintuch; beide Tücher müssen bis zum Boden reichen. Mit entkleidetem Unterkörper setzt man sich auf die Tücher und legt sie straff um den Leib und die Oberschenkel; von den Knien an fallen sie locker nach unten, damit der Dampf bis zu den Knien emporsteigen kann.
Nun stellt ein Helfer den Topf mit kochendem Wasser unter die Tücher vor die Füße und legt einen Holzrost (nie Metall, das wird zu heiß) über den geöffneten Topf. Darauf

werden die Füße gestellt. Dann steckt der Helfer die Tücher fest um den Topf, damit kein Dampf entweicht. Auch beim Fußdampf empfiehlt es sich wieder, den Dampftopf auf dem Elektrokocher zu belassen, der bei niedriger Einstellung das Wasser ständig leicht am Sieden hält.
Sobald nach 10–15 Minuten kräftig der Schweiß ausbricht, beendet man den Fußdampf und legt sich möglichst noch 1/2 Stunde gut zugedeckt ins Bett, damit die Schweißabsonderung noch einige Zeit anhält. Danach wäscht man den behandelten Körperabschnitt kurz mit kaltem Wasser ab und kleidet sich wieder an.
Milder als die Dampfanwendungen wirken warme Wickel. Sie werden anstelle von Dämpfen durchgeführt, wenn diese schlechter verträglich sind. Bei empfindlichen Menschen können allerdings auch kleine Teilwickel schon zu Herz-Kreislauf-Beschwerden führen, so daß unter Umständen darauf verzichtet werden muß. Gesunde vertragen die folgenden beiden Teilwickel aber in der Regel gut.

Kurzwickel

Dieser Teilwickel reicht von den Achselhöhlen bis zu den Kniekehlen. Zuerst legt man ein Wolltuch passend auf das Bett, darauf kommt ein trockenes Leintuch. Das andere Leintuch wird in warmes Wasser getaucht und leicht ausgewrungen, dann kommt es auf das trockene Leintuch.
Nun legt man sich auf das Bett und hüllt sich in die 3 Tücher ein. Jedes Tuch wird einzeln um den Körper herumgeführt. Seitlich steckt man die Enden unter dem Körper fest, damit keine Wärme entweicht.
Sobald nach 1–1 1/2 Stunden kräftig der Schweiß ausbricht, entfernt man die Tücher und ruht noch 1/2 Stunde warm zugedeckt im Bett. Zum Abschluß wird das behandelte Körpergebiet kurz kalt abgewaschen.

Unterwickel

Dieser größere Wickel reicht von den Achselhöhlen bis zu den Fußspitzen. Deshalb wirkt er stärker als der Kurzwickel, aber auch anstrengender; deshalb eignet er sich nicht immer. Benötigt werden dazu wieder 1 Wolltuch und 2 Leintücher passender Größe.
Zunächst wird das Wolltuch auf das Bett gelegt, darauf kommt das trockene Leintuch. Das andere Leintuch taucht man in warmes Wasser und legt es leicht ausgewrungen auf das trockene. Dann läßt man sich darauf nieder und hüllt den Körper in die einzelnen Tücher; am besten gelingt das mit einem Helfer. Seitlich werden die Tuchenden unter dem Körper festgesteckt, die Arme bleiben außerhalb des Wickels.
Als Reaktion bricht nach 1–1 1/2 Stunden kräftig der Schweiß aus. Nun entfernt man die Tücher und dünstet noch 1/2-1 Stunde warm zugedeckt im Bett nach. Beendet wird mit einer kalten Abwaschung des behandelten Körpergebiets.
Auch größere Dampfanwendungen

und Wickel, die stärker als die hier beschriebenen wirken, können die Entschlackungs- und Entgiftungskur unterstützen. Sie bleiben aber fachlicher Verordnung vorbehalten. Die besonders anstrengenden Volldämpfe und Ganzwickel, die den gesamten Körper gründlich entschlacken, werden häufig nur in Kliniken und Kuranstalten unter ständiger fachlicher Aufsicht angewendet.

Sauna

Zu den wirksamsten Ausleitungsverfahren über die Haut gehört die Sauna. In der Saunakabine werden Temperaturen bis 95 Grad erreicht, die dank der extrem trockenen Luft (nur 5–10 % relative Luftfeuchtigkeit) aber verträglich sind. Oft wird die trockene Hitze der Sauna sogar besser als die feuchte Wärme der Dampfanwendungen vertragen.
Die Sauna wirkt aber nicht allein durch Hitze, die den Stoffwechsel aktiviert und die Ausscheidung von Schlacken und Giften mit dem Schweiß deutlich verstärkt. Ein Teil ihrer Wirkungen erklärt sich aus dem raschen Wechsel zwischen der Hitze in der Sauna und der kühlen Außenluft oder Abkühlung im Wasser. Dadurch trainiert man das Immunsystem besonders gut; ferner wird durch die Wirkungen auf die Blutgefäßregulation die Durchblutung und damit auch der Abtransport von Schlacken und Giftstoffen verbessert.
Regelmäßige Saunaanwendungen empfehlen sich, um den Körper immer wieder gründlich über die Haut zu entschlacken, also zur Vorbeugung der Schlacken- und Giftbelastung und zur Nachbehandlung im Anschluß an eine Kur. Auch während der Entgiftungs- und Entschlackungskur eignet sich die Sauna gut, um die Wirkung der Kur zu verbessern. Da aber die Kur selbst für den Körper schon eine Belastung darstellt, darf man ihn nicht zusätzlich noch durch die ungewohnte Sauna belasten. Wer vorher noch nie in der Sauna war, beginnt damit besser nicht ausgerechnet während der Kur, sondern erst danach. Regelmäßige Saunagänger dagegen können auch im Verlauf der Kur problemlos in die Sauna gehen. Grundsätzlich wird die Sauna gut vertragen. Trotzdem befragt man vor dem ersten Saunabesuch den Therapeuten, denn die Anwendung eignet sich nicht für alle Menschen. Vorsicht ist besonders bei Herz-Kreislauf-Störungen, abnorm gesteigerter Blutgerinnung und Nierensteinen geboten. Wenn die Sauna in solchen Fällen nicht ungeeignet ist, wird der Therapeut bei Bedarf besondere Vorsichtsmaßnahmen verordnen, um Komplikationen vorzubeugen. Strikt verboten sind Saunabesuche bei akuten Infektionskrankheiten mit Fieber und Lungentuberkulose. Nur der Therapeut kann je nach Einzelfall beurteilen, ob die Sauna geeignet oder zu riskant erscheint.
Wenn während der Saunagänge Schwindel, Herz-Kreislauf-Beschwerden oder andere unerwünschte Begleiterscheinungen auftreten,

muß sofort abgebrochen werden. Bis zur Besserung der Symptome legt man sich nieder; bei starken, anhaltenden Beschwerden muß unter Umständen auch ein Arzt gerufen werden. Nach solchen Komplikationen empfiehlt sich dringend eine gründliche Untersuchung, ehe man wieder in die Sauna geht. Die Ursachen der Beschwerden müssen zuerst geklärt werden, damit man ihnen zukünftig vorbeugen kann.
Anfänger erleben die ungewohnte Sauna nicht immer als angenehm. Sie müssen sich meist erst durch einige Saunabesuche daran gewöhnen, dann können sie die Anwendung genießen und fühlen sich danach erfrischt und wohl. Nach dem Saunabesuch muß man deshalb nicht unbedingt ruhen, wie häufig empfohlen wird, sondern kann den gewohnten Tagesablauf wieder aufnehmen. Allerdings darf man sich in den ersten Stunden nach dem Saunabesuch körperlich nicht stärker anstrengen, also zum Beispiel nicht gleich danach Sport und Gymnastik treiben.
Wenn der Therapeut nichts anderes verordnet, führt man als Anfänger bei den ersten Saunabesuchen nur 2 Saunagänge durch, die jeweils 5–8 Minuten in der heißen Luft dauern. Dazwischen verläßt man kurz die Saunakabine, um sich unter der kalten Dusche oder im kalten Tauchbad abzukühlen. Diese Maßnahmen führt man auch nach dem 2. Saunagang als Abschluß durch.
Wenn man sich auf diese Weise gut an die Sauna gewöhnt hat und sie ohne Beschwerden verträgt, können die Saunagänge auf 2mal 10–15 Minuten gesteigert werden. Dazwischen und danach ist jeweils wieder die kurze Abkühlung erforderlich. Erfahrene Saunagänger können 3mal für 10–15 Minuten in der heißen Luft bleiben, jeweils unterbrochen und beendet durch die Abkühlung unter der Dusche oder im Tauchbad. Länger ausdehnen sollte man die Sauna nicht, denn dadurch wird die Wirkung kaum noch verbessert, aber das Risiko unerwünschter Begleiterscheinungen erhöht.
Zur Entschlackung und Entgiftung eignet sich die Sauna ausgezeichnet, nicht aber zum Abbau von Übergewicht. Zwar kann man bei einem Saunagang bis zu 2 kg Körpergewicht verlieren, aber nicht durch Einschmelzung von Körperfett, wie oft gehofft wird, sondern ausschließlich durch den Flüssigkeitsverlust beim Schwitzen. Wenn nach der Sauna genügend getrunken wird (das ist unbedingt erforderlich), stellt sich schnell das vorherige Gewicht wieder ein.
Öffentliche Saunabäder gibt es heute auch bei uns vielerorts, man muß also keine unzumutbar weiten Wege zurücklegen. Wer im Haus dazu Gelegenheit findet, kann sich eine Heimsauna einbauen lassen oder mit fertigen Bausätzen selbst installieren.
Als beste Zeit zum Besuch der Sauna gilt der frühe Vormittag, aber um diese Zeit können viele Menschen aus praktischen Gründen nicht in die Sauna gehen. Als Alternative bietet sich der frühe Abend an; dann

sollte man sich nach der Sauna gleich zu Bett legen und wird oft besonders gut und tief schlafen. In den ersten beiden Stunden nach einer Mahlzeit darf die Sauna nie aufgesucht werden.

Kohlpackungen entschlacken über die Haut

Wenn die Haut mit Unreinheiten und Entzündungen auf die Schlacken- und Giftbelastung reagiert, kann die Ausscheidung durch Kohlpackungen unterstützt werden. Diese Anwendung wird in der Volksheilkunde seit alters geschätzt und hilft oft überraschend gut.
Am besten eignet sich der Wirsingkohl, und zwar die grünen, dicken Blätter. Der Kohl muß natürlich aus giftfreiem Anbau stammen. Die Blätter werden gründlich gewaschen, dann entfernt man die dicke Mittelrippe und schneidet die Blätter in 3–4 cm breite Streifen. Diese werden nun mit dem Nudelholz oder einer Flasche leicht zerquetscht. Dabei darf man aber nicht zu stark über die Blätter walzen, sonst tritt zu viel Saft aus und die Wirkung wird verringert. Anschließend taucht man sie kurz in handwarmes Wasser und legt sie auf die zu behandelnde Hautzone auf.
Insgesamt werden zur Kohlpackung 5 Blattschichten dachziegelartig übereinander auf die Haut gelegt. Darüber kommt ein Netzverband, der die Kohlblätter fixiert. Nach 1 1/2–2 Stunden entfernt man die Packung wieder. Sie kann 2–4mal täglich wiederholt werden, bis alle Hautsymptome abgeheilt sind. Die Wirkung erkennt man nicht selten daran, daß die Haut ein unangenehm riechendes Sekret ausscheidet. Zum Teil kann vorübergehend ein Ausschlag als Reaktion auftreten, der vermehrt Schlacken und Giftstoffe ausscheidet; er darf nicht behandelt werden, sondern heilt von selbst wieder ab.

Entschlackung über die Lungen

Auch im Atmungssystem können sich Schlacken ansammeln, die wegen der heute verbreiteten Fehlatmung nicht ausreichend abgeatmet, zum Teil auch im Schleim der Bronchien gebunden werden. Deshalb kann es angezeigt sein, die Entschlackung über die Lungen anzuregen. Das wirksamste Mittel dazu ist die später noch beschriebene Bewegungstherapie, denn körperliche Anstrengung steigert den Atemrhythmus und fördert indirekt die Verflüssigung des Schleims, der dann durch Räuspern und Husten entfernt wird. Zusätzlich empfiehlt sich eine einfache Atemübung, die mehrmals am Tag wiederholt wird. Dazu setzt man sich aufrecht nieder und atmet so lange aus, bis nicht mehr Luft ausgepreßt werden kann und die Einatmung spontan einsetzt. Ausgeatmet wird mit einem leisen Pfeifton durch den Mund, eingeatmet durch die Nase. Pro Übung genügen 10–15 Atemzüge.
Schließlich können verschiedene

Heilpflanzen zur Reinigung der Atemwege verwendet werden. Zum Inhalieren eignen sich fertige ätherische Öle aus Eukalyptus und Latschenkiefer, die man nach Gebrauchsanweisung verwendet. Dadurch wird der Schleim in den Bronchien gelöst und der Auswurf gefördert. Innerlich gibt man fertige Heiltees oder pflanzliche Medikamente, die unter anderem Huflattich, Spitzwegerich und Thymian als Hauptbestandteile enthalten können. Diese Heilpflanzen wirken ebenfalls auswurffördernd und schleimlösend. Die Einnahme erfolgt nach Herstellerangaben. Inhalationen und Heiltees oder Medikamente werden kurmäßig angewendet, bis keine Beschwerden mehr bestehen und der Schleimauswurf deutlich nachläßt.

Aktivierung des Immunsystems

Die körpereigenen Abwehr- und Selbstheilungsregulationen wirken zwar nicht unmittelbar bei der Entschlackung und Entgiftung mit, müssen im Rahmen der Kur aber doch gezielt angeregt werden. Häufig sind sie nämlich durch die lange Gift- und Schlackenbelastung erheblich geschwächt und können schädlichen Einflüssen nur noch unzulänglich widerstehen. Außerdem müssen die Immunfunktionen gestärkt werden, damit sie die körperlichen Schäden, die im Lauf der Zeit durch Gifte und Schlacken entstanden sein können, aus eigener Kraft wieder ausheilen.
Rohkost- und vitalstoffreiche Kost und die Wechselduschen am Morgen, die auch nach der Kur beibehalten werden, bilden die Grundlage für die Stärkung der Immunfunktionen. Auch das regelmäßige Bewegungsprogramm an der frischen Luft trägt viel zur Aktivierung der Abwehr- und Selbstheilungsregulationen bei. Wenn keine ausgeprägte Immunschwäche besteht, genügen diese Maßnahmen bereits, um die Widerstandskräfte und Selbstheilungsregulationen ausreichend anzuregen.
Nicht selten besteht jedoch eine erhebliche Schwächung der Immunfunktionen. Dann soll die Entgiftungs- und Entschlackungskur durch Naturheilmittel ergänzt werden, die das Immunsystem gezielt anregen. Zur Selbsthilfe eignet sich vor allem die Heilpflanze Echinacea (Sonnenhut), die rezeptfrei in Form von Tabletten und Tropfen erhältlich ist. Neben Echinacea können die Medikamente noch weitere abwehrsteigernde Wirkstoffe enthalten. Sie werden nach Gebrauchsanweisung kurmäßig mehrere Wochen lang verabreicht. Auch der sibirische Ginseng (Eleutherokokkus) kann bei kurmäßigem Gebrauch das Immunsystem gut stärken.
Wenn diese Heilmittel bei ausgeprägter Immunschwäche nicht ausreichend und rasch genug wirken, muß der Therapeut die notwendigen Heilmittel zur Immunsteigerung in-

dividuell verordnen. Geeignet sind vor allem die verschiedenen homöopathischen Arzneistoffe. Sie werden entsprechend dem Zustand und Krankheitsbild des einzelnen Patienten maßgeschneidert ausgewählt, nur dann helfen sie optimal.
Grundsätzlich gut geeignet ist auch die Thymustherapie zur Abwehrsteigerung. Dazu verwendet man heute meist fertige Zubereitungen aus Thymusdrüsen, seltener die Frischdrüsentherapie. Injektionen wirken am besten, aber auch bei Einnahme durch den Mund aktiviert Thymus die Abwehrkräfte gut, nur dauert das etwas länger als bei der Einspritzung.
Lassen Sie mich zur Thymustherapie eine persönliche Anmerkung machen. In meiner Praxis wendete ich dieses ausgezeichnet wirksame Heilverfahren bis vor einigen Jahren oft an. Als dann die ersten Nachrichten über die Rinderseuche BSE veröffentlicht wurden, verzichtete ich sofort darauf, um meine Patienten keiner unnötigen Gefahr auszusetzen, denn die Thymustherapie verwendet Extrakte aus Kälberthymus.
Seit kurzem wird nun von den BSE-Fachleuten nicht mehr ausgeschlossen, daß diese Krankheit auch auf den Menschen übertragbar ist und die Creutzfeldt-Jakob-Krankheit erzeugt. Ich halte das Risiko, bei der Thymustherapie die BSE-Erreger (die man ohnehin noch nicht genau kennt) zu übertragen, zwar für gering, insbesondere dann, wenn eine homöopathische Thymus-Zubereitung verwendet wird –, aber ausschließen kann ich das eben nicht mit der gebotenen Sicherheit.
Deshalb darf und will ich hier die Thymusanwendung zur Abwehrsteigerung nicht empfehlen. Ich kann Ihnen nur raten, sich eingehend mit Ihrem Therapeuten über die mögliche Gefährdung zu besprechen, um dann zu entscheiden, ob eine Thymustherapie durchgeführt werden soll (unbedingt notwendig zur Immunsteigerung ist sie nämlich nicht). Halten Sie sich auch über die Medien stets auf dem neusten Stand der Erkenntnisse zu BSE. Vielleicht wird ja schon in einiger Zeit die Seuche so unter Kontrolle gebracht, daß keine Gefahr mehr besteht und die Thymustherapie wieder uneingeschränkt zu empfehlen ist.

Bewegung »verbrennt« Schlacken und Gifte

Eine Entschlackungs- und Entgiftungskur bleibt unvollständig, wenn sie nicht durch das regelmäßige Bewegungsprogramm ergänzt wird. Die körperliche Anstrengung wirkt in mehrfacher Weise bei der Gift- und Schlackenausscheidung mit.
Besonders wichtig ist dabei die Aktivierung des Stoffwechsels in den Muskelzellen mit vermehrter Sauerstoffaufnahme. Dadurch werden Schlacken und Giftstoffe zum Teil in den Zellen der beanspruchten Muskulatur regelrecht »verbrannt«

und danach als unschädliche Schlacken ausgeschieden. Gleichzeitig aktiviert die Muskelbewegung den Lymphstrom, so daß vermehrt Schlacken und Gifte aus den Geweben mit der Lymphe abgeleitet und über die Nieren ausgeschieden werden. Schließlich steigert das regelmäßige Bewegungsprogramm auch noch die körpereigenen Abwehr- und Selbstheilungskräfte, damit sie die durch Schlacken und Gifte möglicherweise eingetretenen Schäden aus eigener Kraft heilen können.
Natürlich ist es nicht damit getan, während einiger Kurtage ein Training zu absolvieren. Die Kur muß vielmehr Anlaß sein, von nun an wieder regelmäßig zu trainieren. Das beugt nicht nur der baldigen erneuten Verschlackung und Giftansammlung vor, sondern verhindert auch viele andere Gesundheitsstörungen und verbessert das körperliche und seelisch-geistige Allgemeinbefinden. Aber man darf nur dann eine ausreichende Wirkung erwarten, wenn das aus Gymnastik und Sport bestehende Training konsequent absolviert wird. Gelegentliches Üben bewirkt nur wenig und erhöht das Verletzungsrisiko.

Tägliche Gymnastik

Die Grundlage des Trainings bildet die Gymnastik. Sie regt den Stoffwechsel, die Durchblutung und Immunfunktionen an und sorgt durch vertiefte Atmung für mehr Sauerstoffzufuhr. Diese Wirkungen sind unter anderem wichtig, um der Schlacken- und Giftansammlung vorzubeugen.
Gymnastische Übungen werden ohne stärkere Anstrengung in rhythmisch-fließenden Bewegungsabläufen absolviert. Um eine ganzheitliche Wirkung zu erzielen, muß das Trainingsprogramm vor allem Übungen für die großen Arm- und Beingelenke, Wirbelsäule, Rücken-, Bauchmuskulatur und Füße enthalten. Viele Übungen gelingen anfangs nicht korrekt, denn wenn man jahre- bis jahrzehntelang nicht mehr trainierte, ist die Beweglichkeit naturgemäß eingeschränkt. Man darf aber keinesfalls versuchen, die korrekte Durchführung zu erzwingen, das führt leicht zu Verletzungen. Richtig ist es, beharrlich so gut wie möglich zu üben, dann bessert sich die Beweglichkeit allmählich und die Übungen gelingen immer leichter.
Für untrainierte Menschen gilt die Grundregel, daß sie mit täglich 2mal 5 Minuten Gymnastik beginnen sollen, am besten morgens nach dem Aufstehen und abends vor dem Schlafengehen unter offenem Fenster, auf dem Balkon oder der Terrasse, vielleicht auch im Garten hinter dem Haus. Wenn sich die Beweglichkeit und Leistungsfähigkeit durch konsequentes Training verbessert, wird das tägliche Trainingspensum allmählich auf 2mal 10 Minuten Gymnastik täglich ausgedehnt. Außerdem soll im Tagesverlauf zwischendurch kurze Ausgleichsgymnastik betrieben werden, die vor allem Fehl- und Zwangshaltungen bei der Arbeit ausgleicht.

Das genügt zum täglichen Dauertraining, kann auf Wunsch aber noch etwas gesteigert werden.
Es führte zu weit, im Rahmen dieses Buchs einzelne Gymnastikübungen zu beschreiben. Zur Anleitung gibt es genügend praktische Ratgeber mit vielen Übungsbeispielen, aus denen man das persönliche Trainingsprogramm zusammenstellt. Noch besser wäre es, sich einem Sportverein oder einer Gymnastikgruppe anzuschließen, damit die Übungen unter fachlicher Anleitung erlernt werden. Ein erfahrener, gut ausgebildeter Trainer kann vor vielen Fehlern bewahren, die beim selbständigen Training nach einem Buch nicht auszuschließen sind. Außerdem fühlen sich viele Menschen wohler, wenn sie in der Gruppe trainieren und dabei soziale Kontakte pflegen.

Sport an der frischen Luft

Die tägliche Gymnastik führt bereits zu einem guten Trainingseffekt, aber sie allein beansprucht den Körper noch nicht optimal. Deshalb soll das Gymnastikprogramm durch Ausdauersport ergänzt werden. Die stärkere Anstrengung dabei regt Stoffwechsel, Durchblutung, Immunsystem und Atmung besser an und führt außerdem durch stärkeres Schwitzen zur vermehrten Ausscheidung von Schlacken und Giftstoffen über die Haut.
Mindestens 3mal, besser 4mal wöchentlich sollten Gesunde ein Sportprogramm an der frischen Luft absolvieren. Dabei kommt es nie darauf an, kurze Höchstleistungen zu erzielen. Das Training soll die körperliche Ausdauer und Leistungsfähigkeit allmählich nachhaltig verbessern. Dazu sind die nachstehenden Voraussetzungen zu erfüllen:

- Regelmäßiges Training 3–4mal wöchentlich, das bei Ungeübten zunächst nur 10–15 Minuten dauert. Wenn sich das Leistungsvermögen dadurch allmählich verbessert, wird langsam auf mindestens 30 Minuten Trainingsdauer gesteigert. Kranke befragen vorsorglich den Therapeuten, wie lange sie trainieren dürfen.
- Eine ganzheitliche Wirkung erzielt man nur, wenn möglichst viele Körpermuskeln (mindestens 1/6 der gesamten Muskulatur) trainiert werden. Das ist bei allen Sportarten gewährleistet, bei denen man die Beinmuskulatur trainiert.
- Die ausreichende Anstrengung erfordert, daß beim Sport 50–70% der individuellen Leistungsfähigkeit ausgeschöpft werden. Das erkennt man zuverlässig am Pulsschlag, der sich beim Training auf 170–180 pro Minute minus Lebensalter erhöhen muß (bei einem 30jährigen zum Beispiel 140–150, bei einem 60jährigen 110–120 Pulsschläge pro Minute). Untrainierte und kranke Menschen müssen aber den Therapeuten befragen, ob diese Belastung für sie verträglich ist.

Man kann sich die Pulskontrolle zwischendurch auch ersparen, indem man einfach von der

Faustregel ausgeht: Man muß beim Training noch in der Lage sein, problemlos ohne Atemnot zu sprechen, dann droht noch keine Überforderung.

Wann das Sportprogramm absolviert wird, hängt natürlich mit von der individuellen Tageseinteilung ab. Am späten Nachmittag nach beendet er Arbeit vor dem Abendessen finden wohl die meisten Menschen Gelegenheit zum Training. Nicht trainiert werden darf in den ersten beiden Stunden nach einer Mahlzeit; die Verdauung leitet nämlich viel Blut zu den Verdauungsorganen ab, durch die zusätzliche Belastung beim Sport könnte es deshalb zu Herz-Kreislauf-Beschwerden kommen. Auch zu kurz vor dem Schlafengehen soll nicht mehr anstrengend trainiert werden, das könnte zu Schlafstörungen führen. Ein Spaziergang und Gymnastik, die wenig belasten, sind vor dem Schlafengehen aber geeignet und verbessern den Schlaf.

Besondere Vorsicht ist an heißen Tagen mit Temperaturen über 25 Grad und bei schwülem Wetter mit über 70 % relativer Luftfeuchtigkeit angebracht. Diese Wetterbedingungen belasten das Herz-Kreislauf-System, durch Sport könnte es überfordert werden. Inzwischen besteht an warmen Tagen auch die Gefährdung durch hohe Ozonwerte (eine Folge der Umweltverschmutzung), die vor allem die Atmungsfunktionen beeinträchtigen. Bei solchen Wetterverhältnissen trainiert man besser in den frühen Morgenstunden oder abends, wenn die Temperaturen und Ozonwerte sich verringert haben.

Sport beginnt immer mit kurzer Gymnastik, um die Muskulatur anzuwärmen; das vermindert das Verletzungsrisiko. Nach dem Training entmüdet man die beanspruchte Muskulatur wieder durch kurze Gymnastik. Anschließend wird zunächst lauwarm und zum Schluß kurz kalt geduscht. Nach dem Training darf man sich nie schlapp und ausgepumpt fühlen, das deutet auf Überforderung hin. Auch der Muskelkater ist keineswegs ein Zeichen für gute Wirkung, sondern Warnzeichen der Überanstrengung, die vermieden werden muß.

Welche Ausdauersportarten ausgeübt werden, richtet sich vor allem nach den persönlichen Vorlieben. Geeignet ist grundsätzlich jede Sportart, die keine kurze hohe Kraftentfaltung erfordert und mindestens 1/6 der gesamten Körpermuskulatur so beansprucht, daß 50–70 % der individuellen Leistungsfähigkeit ausgeschöpft werden. Ehe man sich für eine Sportart entscheidet, sollte man sich durch einschlägige Literatur ausführlich informieren. Noch empfehlenswerter ist es, sich einem Sportverein oder einer Sportgruppe anzuschließen, damit das Training unter fachlicher Anleitung richtig erlernt wird. Als besonders günstig und schonend gilt nach heutiger Auffassung das Training durch flottes Gehen. Es wirkt gut und erfordert keine besonderen Vorbereitungen. Zu achten ist lediglich auf gutes Schuhwerk, um Gelenkschäden zu verhüten. Die

Gehstrecke muß ausreichend lang sein und in einem bestimmten Mindesttempo zurückgelegt werden, damit man einen ausreichenden Trainingseffekt erzielt. Untrainierte beginnen mit 1,5 km in 16–17 Minuten; innerhalb von 5 Wochen steigert man langsam auf 4 km in 33–34 Minuten. Danach verlängert man die Wegstrecke allmählich auf 5 km, die in etwa 40 Minuten zurückgelegt werden. Das genügt zum Dauertraining, kann aber auch noch gesteigert werden.

Weitere empfehlenswerte Sportarten sind Dauerlauf (Jogging) in mäßigem Tempo, Radfahren, Schwimmen, Rasenspiele und im Winter Skilanglauf. Wenn man die Techniken richtig beherrscht und regelmäßig trainiert, erzielt man auch durch diese Sportarten gute Trainingsergebnisse.

Vorbeugung erneuter Gift- und Schlackenbelastung

Die Entgiftungs- und Entschlackungskur kann lediglich den augenblicklichen Zustand verbessern. Ihre Wirkung hält aber nicht lange an, wenn man danach wieder alle Fehler bei der Ernährung und Lebensführung aufnimmt, die für die Gift- und Schlackenansammlung verantwortlich waren. Deshalb ist eine Kur nur dann sinnvoll, wenn anschließend die Reform der gesundheitsschädlichen Verhaltensweisen eingeleitet wird. Das fällt nach der Kur, die solche Gewohnheiten unterbricht, wesentlich leichter als ohne vorbereitende Kur. Hauptsächlich besteht die Reform der früheren Verhaltensfehler aus folgenden Maßnahmen:

- Radikale Änderung der falschen Ernährungsgewohnheiten, die maßgeblich zur Verschlackung und Giftbelastung beitrugen. Die Reform der Ernährung orientiert sich an den Grundregeln gesunder Vollwertkost nach Bircher-Benner und Kollath. Die besten Wirkungen erzielt man durch Umstellung auf vegetarische Ernährung mit reichlich Rohkost; wenn auf Fleischprodukte nicht ganz verzichtet werden soll, muß der übliche hohe Verzehr deutlich reduziert werden, möglichst auf 2–3mal wöchentlich.
- Verzicht auf schädliche Genußmittel, hauptsächlich Zucker, Weißmehlprodukte, Nikotin und harte Alkoholika. Auf Kaffee, Schwarztee und leichte Alkoholika (Bier, Wein) muß nicht unbedingt strikt verzichtet werden, aber der gebräuchliche hohe Konsum soll deutlich eingeschränkt werden (möglichst nicht jeden Tag verwenden).
- Ausreichende Zufuhr von Flüssigkeit, damit die Gewebe ständig durchgespült und dabei entschlackt werden. Im Durchschnitt muß täglich mindestens 1,5 l Flüssigkeit zugeführt werden, vorwiegend gutes Mineralwasser, ferner Obst-, Gemüsesäfte und Kräutertee.
- Regelmäßiges Bewegungsprogramm mit täglicher Gymnastik und 3–4mal wöchentlich Sport an der frischen Luft. Unabhängig von diesem festen Trainingsprogramm sollte man sich zusätzlich viel an der frischen Luft bewegen, zum Beispiel durch längere Wanderungen und Radtouren.
- Tägliche Entspannungs- oder Meditationsübungen am Morgen und Abend, die das seelisch-geistige Wohlbefinden nachhaltig

verbessern und indirekt auch die Körperfunktionen günstig beeinflussen.

Wenn diese wenigen Maßnahmen konsequent eingeführt und ständig beibehalten werden, erzielt man eine optimale, ganzheitliche Gesundheitsvorsorge. Die Lebensqualität wird durch den Zeitaufwand, der dazu notwendig ist, nicht eingeschränkt, sondern durch das bessere Allgemeinbefinden bald gehoben.

Die folgende Übersicht veranschaulicht beispielhaft, wie der Tagesablauf gesundheitsbewußt gestaltet werden kann:

- Nach dem Erwachen im Bett: Entspannungsübungen.
- Nach dem Aufstehen: 2 Glas zimmerwarmes Mineralwasser; 10 Minuten Gymnastik; Körperpflege mit abhärtender Wechseldusche.
- Frühstück: 150 ml Obst-/Gemüsesaft als flüssige Rohkost; Müsli mit Obst; Knäcke- oder Vollkornbrot mit gesäuerten Milchprodukten und auf Wunsch mäßig Butter; 1–2 Tassen Kräutertee.
- 2. Frühstück: frisches Obst mit gesäuerten Milchprodukten und Knäckebrot; Mineralwasser; kurze Ausgleichsgymnastik.
- Mittagessen: Salat-Gemüse-Rohkostplatte; klare Gemüsebrühe; Kartoffeln, Vollreis oder Vollkornteigwaren mit gedünstetem Gemüse, auf Wunsch jeden 2.–3. Tag mäßig Fleisch oder Fisch als Beilage; zum Nachtisch frisches Obst; Mineralwasser, kurze Ausgleichsgymnastik.
- Zwischenmahlzeit am Nachmittag: frisches Obst oder 150 ml Obst-/Gemüsesaft; kurze Ausgleichsgymnastik.
- Am späten Nachmittag: jeden 2. Tag mindestens 30 Minuten Ausdauersport; an den anderen Tagen möglichst oft längere Spaziergänge, Wanderungen und Radtouren.
- Abendessen (bis 19 Uhr): Salat-Gemüse-Rohkostplatte; Knäcke- oder Vollkornbrot mit gesäuerten Milchprodukten, fettarmem Käse, auf Wunsch ab und zu etwas Wurst; Mineralwasser; zwischendurch $^1/_4$-$^1/_2$ l Bier oder $^1/_4$ Wein.
- Vor dem Schlafengehen (je nach persönlichem Rhythmus etwa gegen 22 Uhr): auf Wunsch 1–2 Tassen Baldriantee; 10 Minuten Gymnastik; Körperpflege; Wassertreten in der Badewanne.
- Im Bett vor dem Einschlafen: Entspannungsübungen.

Dieser beispielhafte Plan für den Tagesablauf soll nicht buchstabengetreu, aber sinngemäß eingehalten werden.

Register